KB163731

미국 여성사

차례

Contents

미국 여성사의 등장

미국의 유명한 여성 사학자인 거다 러너(Gerda Lerner)는 그녀의 저서에서 "미국 여성에 관한 주제에 대해 미국 역사가들이 너무나 무지하다는 것은 놀라운 사실이다"[1]라고 쓰고 있다. 미국 여성사에 관한 연구는 소수의 학자들에 의해서 일찍이 시작되었지만 그동안 매우 단편적인 수준에 머물러 있었다. 그러나 1960년대에 시작된 여성해방 운동은 미국인들의 여성의식에 커다란 변화를 가져왔으며, 여성사 연구에도 큰 전환점으로 작용했다. 여성사 연구는 1960년대 이후 사회적으로 무르익어 가고 있던 여성운동의 결과 가운데 하나라고 볼 수 있다.

여성 운동가들은 운동을 전개해나가는 과정에서 그 의미,

가치, 목표, 법칙 등을 구성원들에게 이해시키기 위한 이념 정리가 필요했고, 여성사와 여성학이 그 역할을 맡게 된 것이다. 따라서 현재 미국 학계에서 활동 중인 많은 미국 여성 사학자들은 1960년대의 민권운동에 적극적으로 참여한 역사학자들로 구성되어 있음을 알 수 있다. 그들은 그동안의 전통적인 역사서술에 대해 많은 의구심을 갖게 되었고, 보다 객관적이고 철저한 여성사 연구의 필요성에 대해 통감하게 되었다. 여성에 대한 학문 분야는 여성사와 여성학에만 그친 것이 아니라 교육, 예술비평, 사회학, 문학, 철학, 심리학 및 사회이론 분야에도 폭넓은 영향을 끼치게 되었다. 그러나 그 중에서도 가장 큰 주목을 받게 된 분야는 '여성사'로서 많은 대학들이 여성 관련 과목을 개설하였으며, 점차적으로 이 분야의 대학원 과정도 증가하게 되었다.

미국 여성사의 등장은 페미니스트 정치와 밀접한 관계가 있다. 이는 학구적인 여성 해방론자들이 좀더 포괄적인 정치적 안건을 제시하기 위해 여성사 연구의 필요성을 절감했기 때문에 생겨나게 된 것이다. 따라서 1960년대에는 정치와 학계가 직접적인 관계를 맺어왔지만, 1970년대 중반부터 여성사 연구는 정치로부터 차차 분리되어 나왔다. 여성들은 자서전, 전기 등의 연구를 통해 여성사를 학문적인 분야로 정립해나갔으며, 1980년대 후반에 등장하게 된 '젠더(gender)'의 개념은 이념적인 목적과는 거리가 먼 중립적인 용어로 사용됨으로써 여성사 연구가 정치로부터 완전히 분리될 수 있는 계기를 마련해 주었다. 여기서 젠더는 일반적으로 생물학적인 성의 개념인 성(sex)과 구분지어 사용되고 있는 개념으로 특정 사회나 특정 문화에 따라 형성된 성적 차이를 의미한다.

오늘날 미국의 여성사 연구는 미국의 학계에서 학문 분야 가운데 하나로 영향력을 발휘하고 있으며, 이러한 현상은 미국 내에서 출판되고 있는 책이나 논문 등을 통해서 또는 국제적 규모의 회의나 학계의 뉴스 등을 통해서 확인할 수 있다. 미국의 여성 사학자인 조안 스코트는 이러한 현상을 '여성 역사운동(women's history movement)'이라는 용어를 사용하여 여성사 연구의 영향력과 명백성에 대해 논의하고 있다. '여성 역사운동'이라는 용어는 이전의 여성사 연구가 개인적인 차원에서 산발적으로 씌어졌던 것과는 달리 국가 간의 교류를 통해 또는 학제 간의 연구를 통해서 좀더 다양한 접근을 시도하고 있다는 의미이다.

또한 미국의 여성 사학자인 거다 러너는 기존 미국 여성사의 발전과정을 4단계로 설명하였다. 첫 번째 단계는 '보충사(compensatory history)'로서 유명한 여성들의 정체성과 그들의 활동을 낱낱이 기록해 놓은 것을 의미한다. 두 번째 단계는 '공헌사(contribution history)'로서 여성과 관련된 중요한 이슈나 주제 등을 정리해 놓은 것을 의미하고, 세 번째 단계는 이미 연구된 여성들의 공헌에 대해 전통적인 해석을 벗어나 재해석 하는 단계로 1970년대와 1980년대 중반까지 시도되었던 많은 여성 사학자들의 연구들을 가리킨다. 마지막 단계는 1980년대 중반기 이후 여성사가 '젠더'라는 개념을 도입함으로써 역사 분석의 패러다임이 바뀌게 되는 시기를 의미한다. 이들은 그동안 행해져 온 위대한 여성들에 대한 단편적인 연구 혹은 계층이나 인종 간의 차이를 둔 여성들의 경험에 대해 서술하는 단계를 뛰어넘어, 사회적 영역에 걸친 권력구조의 연구를 통해서만이 통찰력 있는 여성사 연구가 가능하다고 보았다.

이 책에서는 미국 역사연구의 흐름 중 1960년대 여성운동과 더불어 시작되었던 여성사 연구 동향에 대한 회고와 전망을 미국 여성들의 삶과 역사와 더불어 살펴보기로 하겠다. 특히 1960년대 이후 여성 사학자들의 지속적인 관심과 노력 속에서 여성사가 하나의 학문 분야로 등장하게 된 배경과 변모 과정 및 연구 성과를 각 단계별로 살펴볼 것이다.

또한 여성 사학자들의 이론과 학제 간의 연구가 여성사에 끼친 영향을 알아보는 한편 오늘날 가족사와 성에 대한 연구가 여성사와 어떠한 맥락으로 이해되고 있는가를 살펴볼 것이다. 가족과 성의 문제가 인종이나 계층의 관점에서 바라볼 때 어떻게 다르게 발전되어 왔는지, 여성들의 재생산권(Reproductive right)과 국가정책은 어떠한 상관관계가 있는지, 또한 동성애나 이성애의 정체성을 어떻게 범주화시켜 왔는지를 살펴보고자 한다.

현재 국내에서는 여성학적 관점을 띤 저서들과 역서들은 많이 소개되고 있는데 반해 서양 여성사, 특히 미국 여성사에 대한 그동안의 연구 성과는 거의 없었다고 볼 수 있다. 이러한 시점에 지난 30여 년 동안 미국에서 활발히 진행되어 왔던 여성사에 관한 내용을 사학사적인 관점에서 정리한다는 것은 매우 뜻깊은 일이라고 생각된다. 또한 이것은 미국 여성사가 역사학의 주류에서 어느 정도의 자리매김을 하고 있느냐를 파악할 수 있는 매우 중요한 작업이라고 하겠다.

1960년대 미국의 사회운동과 여성운동

1960년대, 우드스턱과 히피문화

　1960년대의 미국 사회는 혼란과 동요의 시기로 암살과 폭력, 시위가 만연하였고 대학생 중심의 반전운동이 전국적으로 확산되었으며 많은 젊은이들이 미국의 전통적인 가치를 거부하였다. 일반적으로 여성운동도 광범위한 사회적 변화의 소요 속에서 출현하였으며, 이 과정에서 여성들 나름대로의 집단적인 정체성을 발전시키고 그들만의 공유의식을 함양할 수 있는 공간을 창조하였다.

　1960년대에 등장한 반문화 혁명(Counter-cultural Revolution)은 미국의 전통적인 체제와 가치를 파괴하고 새로운 가치관으로 대체하려는 문화적 혁명으로, 그들은 스스로 혁명가이기를 자처하고 직접적인 행동의 목표를 기성체제의 타도에 두었다. 당시 록 음악 축제는 하나의 문화적 현상으로 전국 각지에서 개최되었는데, 가장 대표적인 것이 바로 우드스턱(Woodstock) 축제였다. 뉴욕 주 북쪽에 위치하고 있는 우드스턱에는 당시 40만 명의 젊은이들이 몰려들었고, 그들은 비와 진흙탕 속에서 며칠 동안 '우드스턱 국가'의 건설을 꿈꾸었다. 이들은 주로 마약, 마리화나, 환각제, 청바지, 장발, 비틀즈의 음악 등을 즐겼고, 이것은 당시의 젊은이들의 문화를 대변하는 상징적인 의미로 부각되었다. 히피문화 역시 1960년대를 대표하는 하나의 현상이라고 할 수 있다. 히피들(Hippies)은 스스로를 '꽃의 자녀들'이라고 부르며 기존의 생활방식을 대신할 대체 생활방식을 시도하면서 샌프란시스코의 헤이트 애쉬베리 구역 같은 곳에서 독특한 도시 하부문화를 창조하였다.

1960년대 활발하게 진행된 민권운동은 인종분리에 대항하는 성격을 띠었고, 마틴 루터 킹은 비폭력적인 민권운동의 지도자 역할을 훌륭히 해냈다. 그러나 민권운동에 가담했던 많은 여성들은 조직 내에서 수많은 차별과 억압을 경험해야 했고, 이는 곧 독립된 여성운동의 움직임을 낳게 되었다. 후에 여기에 참여한 여성들이 여성해방 운동의 지도자가 되었다.

미국의 여성운동은 크게 제1기와 2기로 나누어 볼 수 있다. 시기 구분은 학자에 따라 다소 차이가 있기는 하지만, 대체적으로 제1기는 19세기 중엽부터 참정권 획득기인 1920년까지를 말하고, 제2기는 미국의 사회운동이 활발하게 진행되기 시작하고 베티 프리단(Betty Friedan)의 『여성의 신비 *The Feminine Mystique*』2)가 출판된 1960년대를 일컫는다. 1930년부터 1950년대 말까지의 시기는 미국 여성해방 운동의 잠재기로 구분할 수 있다.

제2기 여성해방 운동은 여러 면에서 제1기 여성해방 운동과 차이점을 보이고 있다. 제1기 여성해방 운동은 남성과 다른 차원에서 여성을 강조했다기보다는 남성과 동등한 대우를 받는 것에 주력하여 여권운동이 전개되어 왔다는 한계점이 있다. 또한 여성해방 운동 이념으로서 여성이 남성과 동일하게 가정과 가사노동에 참여하는 것을 목표로 하였다. 이에 반해 제2기 여성해방 운동의 특징은 성에 대한 생물학, 심리학, 문학적 측면을 강조하는 한편, 여성문제, 여성운동과 관련된 모든 분야에까지 관심을 확대하고 증진시켜나간 시기로 실천적으로 상당한 발전을 보여 주었음을 알 수 있다.

제1기 여성해방 운동의 종결은 1920년 미국 여성들이 참정권을 획득한 그 기점을 의미한다. 일단 참정권을 획득한 이후 여성문제에 대한 구심점을 상실하게 된 미국 여성들은 더 이상 여성운동을 지속시켜 나가지 못하였다. 따라서 1930년부터 1950년대 말까지 약 30여 년간 여성운동은 잠재기에 들어가게 되었다. 그 사이 많은 여성들은 경제 참여와 가정복귀의 악순환을 경험해야만 했다.

1930년대 들어 미국에도 경제 공황의 바람이 불어 닥쳤고,

많은 기혼여성들이 그들의 직장에서 쫓겨나 다시 가정으로 돌아가야 했다. 1931년 미국의 여러 주, 도시, 학교교육위원회에서는 기혼여성의 취업을 금지하거나 제한하는 입법이 추진되었다. 1932년 경제법은 정부의 공무원을 감축해야 할 경우 그 배우자가 공무원인 '기혼자'를 먼저 해고한다고 규정하였으며, 그 대상은 자연히 기혼여성들이 되었다. 이 무렵 기혼여성이 가정 밖에서 일을 하는 것은 남성의 일자리를 빼앗는 것이라는 인식이 전반적인 사회적 분위기였다. 여성 노동자에 대한 이러한 적대감은 전문직 여성의 비율을 계속 하락시키는 데도 일조했다. 심지어 여성들은 교직이나 도서관 사서직과 같이 여성 지배적인 분야에서조차 직장을 잃어야 했다.

그러나 1940년대 들어 제2차세계대전이 발발함에 따라 상황은 역전되었다. 전쟁의 영향으로 많은 여성들이 유급 노동력으로 편입되었으며, 여성의 진출은 방위산업체나 중공업 분야에게까지 전방위적으로 진행되었다. 그 당시 이와 같은 기혼여성들의 활발한 경제활동으로 인해 '열쇠 가진 아이'나 '8시간 고아'라는 용어가 새롭게 생겨나기도 했다.

참전과 더불어 나타난 미국 사회의 여러 변화들은 다양한 양상을 띠고 있었다. 특히 정부의 정책이나 대중매체에 의한 이미지 형성 과정 등은 젠더의 문제, 계층의 문제 등과 연관되어 아주 복잡하게 진행되어 갔다. 전시 체제에서 총 6백만 명의 미국 여성들이 노동시장에 편입되었고, 이는 전체 노동자의 30%에 달하는 수치였다. 일반적으로 1950년대 전체적 분위기는 사회 안정의 보루로서 중산층 여성들이 가정을 꾸려가도록 유도하고 있었지만, 다른 한편으로 '맞벌이 부부' 또한 필요로 하는 복합적인 양상을 띠고 있었다. 1950년대 후반에 이르러 대중문화의 분위기는 여성의 자리에 대한 논의를 더 이상 불필요한 것으로 간주하게 된다.

여성해방 운동의 시발점

1963년 『여성의 신비』를 내놓아 당시 여성운동의 활력소를 제공하였던 베티 프리단은 제2기 여성해방 운동의 시발점이 되었다. 베티 프리단은 당시 미국의 명문여대인 스미스 대학을 졸업하고 도시 근교에 거주하며 세 자녀를 키우던 전업주부였

베티 프리단. 『여성의 신비』를 출간하여 제2기 여성운동에 활력소를 불어넣었다.

다. 당시 프리단은 결혼한 여성으로 본인의 능력을 가정 밖의 일에 쏟는다는 것에 죄책감을 느끼고 있었다. 그녀는 이러한 사회적 분위기에 의문을 가졌고, 1957년 스미스 대학 동창 200명을 인터뷰한 결과를 토대로 『여성의 신비』라는 저서를 출판하였다. 책의 내용에 따르면 '여성의 신비'라는 용어는 여성들의 삶의

현실과 여성들이 맞추어 살려고 애쓰는 이상 사이의 불일치를 의미한다.

1960년대까지 여성에 대한 일반적인 인식은 가사노동에 적당한 대상이었을 뿐 그들의 정체성은 무시되고 있었다. 여성잡지 편집자, 심리학자, 정신분석학자, 인류학자들은 여성 최대의 미덕은 그들의 여성스러움을 자랑으로 여기는 것과 어린 시절부터 그들의 삶을 남편과 아이에게 바치는 것이라는 이데올로기를 유포하였다. 이러한 사회적 분위기에 대해 『여성의 신비』는 미국 가정을 '편안한 강제 수용소'라고 묘사하면서 미국 여성들이 겪고 있는 딜레마를 연구하였다. 저자는 책 서문에서 "여성은 사회의 영향을 받기도 하지만 반대로 사회를 변화시킬 수도 있다고 굳게 믿기 때문에 이 책의 의미가 있다"고 쓰고 있다.

1960년대 또 다른 변화는 케네디 행정부에 의해 운영된 '여성지위자문위원회(Commission on the Status of Women)'의 활약이었다. 이 위원회를 통해 「미국 여성들 American Women」이라는 보고서가 프리단의 책과 동시에 세상에 소개되었다. 이 보고서는 당시 미국 사회 내 여성들의 정치적·경제적 그리고 교육적 지위에 대해 상세히 설명하고 있다.

이와 동시에 국회에서는 1963년 동등 임금법과 1964년 인권법을 통과시켰다. 이 두 법안은 여성의 입장을 어느 정도 함축하고 있었지만, 여성들의 평등권을 위해서는 여전히 수정을 가해야 할 부분이 많았다. 연방정부는 이러한 문제에 대해 개선의 여지를 보이지 않았고, 1966년 베티 프리단과 에일린 허난데 즈(Aileen Hernandez)는 여기에 항거하는 의미로 전국여성동맹(National Organization of Women: NOW)을 공동 창설하여 제1대 회장을 역임하였다. 전국여성동맹은 새로운 여성운동 조직으로, 전국 규모로서는 최초였다.

이 조직의 목표는 미국 여성들을 미국 사회 내 주류로 이끌어냄과 동시에 남성과 동등한 파트너로서 그 능력을 발휘하도록 하는 것이었다. 여성동맹 창설자들은 이 조직이 여성해방운동과 여성들의 권리확보를 위한 정치적 로비기구로서의 역할을 담당하리라고 기대했다. 이러한 목표 아래 1967년 이 조직은 좀더 구체화된 프로그램인 여성에 대한 공정한 임금, 균등한 고용기회의 보장, 탁아시설의 확충, 남녀평등을 위한 관련 법률의 개정운동을 전개하였다. 여기서 무엇보다 논쟁의 대상이 되었던 것은 여성들의 재생산권과 관련된 '낙태의 합법화' 문제였다. 전국여성동맹의 조직에 참여했던 그룹의 여성들은 대학교육을 받은 중·상류층의 백인 여성들로서 케네디 정부 내 여성지위자문위원회 구성원으로 활약했던 인물들이었다. 이 조직은 1960년대 존재했던 불만과 차별을 날카롭게 감지한 급진주의적 여성 해방론자들로부터 너무 온건하다는 비판을 받기도 했지만, 여성들의 의식개혁에는 큰 도움을 주었다.

1960년대에는 전국여성동맹 외에도 새로운 여성단체들이 조직되었다. 1969년에는 전문직 여성-변호사, 교육행정가, 입법가, 상담자-들로 구성된 여성평등실천연맹(Women's Equity Action League: WEAL)이 조직되었다. 이 조직은 매우 활동적이었으며 고용, 세금 그리고 교육에서 일어나는 차별에 초점을 맞추었고, 여성들의 고용과 승진에서 일어나는 차별에 대해 법정소송을 준비하기도 했다. 이 외에도 전국여성정치위원회(National Women's Political Caucus: NWPC)는 공공 분야에서 일어나는 여성에 대한 차별에 맞서도록 도움을 주었고, 여성과 관련된 정치적 이슈-자녀양육, 낙태, 피임, 동등한 교육권 등-를 위한 여러 활동을 하였다. 이 조직의 주요 원칙은 여성들의 시민권, 경제적 권리 그리고 인권보장에 있었다.

여성학 연구의 확산

1960년대 이후 여성사의 활발한 연구는 여성학의 등장과도 밀접한 관계가 있다. 여성학은 1960년대 후반 새로운 여성운동의 물결 속에서 탄생되었다. 당시 서구의 캠퍼스를 중심으로 치열하게 전개되었던 민권운동, 학생운동, 반전운동, 반문화 운동에 열심히 참여했던 여성들 사이에서 여성문제에 대한 새로운 인식이 싹트기 시작한 것이다. 그 과정에서 여성들은 모든 전통적 가치에 도전하는 남성들이 유독 남녀 관계에 대해서만은 전통적 가치를 고집하는 데 대해 의문을 품게 되었다. 남성들은 연단에 서서 연설을 도맡아 하면서 여성들에게는 연설문을 타이핑하는 일만 시키는 것에 분노를 느끼게 된

15

것이다.

여성들은 이제 계급문제나 인종문제가 사라진다 해도 여성문제는 고스란히 남아 있을 수밖에 없다는 것을 인식하게 되었다. 따라서 여성문제는 여성들 스스로 주체가 됨으로써만 풀릴 수 있다는 확신을 가지고, 여성운동의 이론적 뒷받침을 위한 학문연구의 필요성을 절감하게 된 것이다. 이러한 인식을 바탕으로 여성학과 여성사가 등장하게 되었으며, 대학에서도 점차 이러한 과목들이 정식과목으로 채택되어 학자들을 배출하기 시작하면서 그 학문적 위상을 정립하게 되었다.

1970년대 들어서며 전국적으로 3만 개 이상의 여성학 강좌가 개설되는 등 여성학은 발전을 거듭했다. 여성학의 성립 근거는 근본적으로 남성과 여성은 차이 있는 존재라는 사실에 기인한다. 즉, 인간은 남성 또는 여성이라는 각기 다른 성으로 태어나서 각기 다른 삶을 영위해 왔다. 그런데 지금껏 이 차이를 바라보는 시각이 남성 중심적이었고, 따라서 사회구조에서나 학문영역에서 여성은 소외되어 왔다. 이처럼 여성학은 여성을 제반 영역에서 소외시키고 열등시하고 차별하는 것에 대한 부당성을 밝혀내고 반증의 자료를 제시하고자 하는 데서 출발하였다.

그리고 여성학이 대학교육과정에 정규과정으로 등장하기 시작하면서 그 강좌의 수가 급격하게 증가해갔다. 1969년 2개 대학에 신설된 여성학은 1970년에는 코넬 대학, 켄사스 대학, 위스콘신 대학, 부린모어 대학 등으로 번져 나갔다. 또한 1974

년도에는 112개교, 1975년도에는 152개교, 1981년도에는 333 개교에서 여성학 강좌를 개설하였으며, 1983년도에는 여성학 강좌 개설 대학 수가 442개교, 1985년도에는 557개교로 증가 했다. 여성학이 대학 강좌로 개설된 이래 여성학이 영국, 독일 을 위시한 유럽의 여러 나라 및 일본, 필리핀, 한국을 비롯한 아시아 여러 나라에도 개설되기 시작한 데는 그리 오랜 시간 이 필요치 않았다. 하지만 오늘날에는 양적인 확산보다는 학 문적 심화과정이 진행되고 있다.

대학에서 여성사를 공부한 여성 사학자들은 그들 나름대로 의 여성사 연구의 필요성을 절감하게 되었고, 그 결과 여러 조 직들이 생겨났다. 1960년대에 조직된 여성 사학자들의 소모임 은 이전에 존재했던 소집단을 참고로 만들어지기도 했는데, 1929년 소집단의 선구자들이 최초의 여성전문 역사학자 협회 를 만들어 1934년 처음으로 활동을 시작했다. 버크셔 역사학 회(Berkshire History Conference: BHC)는 비록 동부에 국한되어 있기는 했지만, 여성 사학자들을 대변하고 후원하기 위해 매 년 만나게 되면서 여성을 후원하는 조직이 없이는 오랜 세월 동안 축적돼 온 남성 점유의 학문 전통의 체계에서 살아남을 수 없다는 것을 깨닫게 되었다. 이 학회 이외에도 여자대학을 중심으로, 때로는 남녀공학의 대학에서 여성해방의 취지를 가 지고 나름대로의 모임을 가짐으로써 그들의 조직적인 힘을 과 시하기도 했다. 1930년대 후반 소수의 여성 사학자들이 내놓 은 '식민시대와 남부 여성들의 역사 및 여성교육의 역사'에 관한 전공 논문집은 그 분야가 발달하는 계기로 작용했다.

1970년대 여성 사학자들은 또 다른 종류의 협동 전략을 취하게 되었다. 1969년 미국 역사학회(American Historical Association: AHA) 내에 여성 사학자들의 간부 회의인 '여성 역사학자 회의(Coordinating Committee of Women in the Historical Profession: CWHP)'가 만들어졌다. 이 조직은 1970년 미국 역사학협회로 하여금 보고서를 발행하도록 했으며, 이 보고서는 미국 역사학회에 여성들이 참여할 수 있도록 돕는 새로운 시대를 제시해 주었다. 여성들은 중요한 위원회에 임명되었으며, 협회의 정책결정 과정에도 영향력을 발휘하게 되었다. 이는 여성 사학자의 지위를 증진시키고, 여성사 영역을 발전시켰으며, 여성사 연구에도 큰 기여를 하게 되었다.

미국 사회사 연구의 등장

1960년대 사회운동을 배경으로 역사학계에도 변화의 물결이 일었다. 제2차세계대전 이후부터 1960년대 초반까지 미국 역사학의 풍조는 소위 합의사학으로 대변된다. 이 학파에는 대니얼 부어스틴, 루이스 하츠 그리고 리처드 호프스태터와 같은 이들이 속해 있다. 이들은 특히 미국의 역사, 사회, 문화, 정치 그리고 경제의 위대함과 특수성을 강조했다.

신좌파의 등장

1960년대에 접어들면서 합의학파는 '신좌파(New Left)'에 의해 도전받게 된다. 이들은 주로 유진 제노비스, 가브리엘 콜

코, 에릭 포너와 같이 학위를 막 마친 젊은 사학자들로 구성되어 있었다. 신좌파 사가들은 이전 합의사가들이 묘사한 미국에 대한 밝은 과거상이나 현재상은 모두 허위의식이라고 주장하면서 미국 사회의 현재와 과거 속에서 나타나고 있는 듯한 안정, 조화, 풍요의 이면에는 불안, 갈등, 폭력이 깊이 도사리고 있다고 주장하였다.

1960년대의 사회적 분위기에 영향을 받은 신좌파 사가들은 그때까지 미국 역사에서 소외되었던 집단에 대한 연구에 초점을 맞추었다. 그들의 주장은 일반 대중들의 역사를 연구하지 않고서는 역사를 진정으로 이해할 수 없다는 것이었다. 이들은 미국 체제의 전면적인 타락이 소수계층에 대한 억압과 착취로 나타났다고 주장했고, 미국 정부와 정치가들을 철저히 불신했다. 이에 따라 역사에서 사회 저변에 살았던 대중의 생활과 여성사, 흑인사, 미국 원주민사, 노동사 그리고 지방사 연구가 대성황을 이루게 되었다. 이러한 분야를 다루는 전문 잡지들이 다시 각광받았고, 새로운 잡지 등이 창간되었다. 이러한 경향을 보여주는 가장 대표적인 저서로는 하워드 진 (Howard Zinn)[3]의 『미국 민중사 *A People's History of the United States*』를 들 수 있다.

그는 그동안 미국 역사가 힘없고, 헐벗고, 가난하고, 문맹이며, 착취와 억압을 당하고 소외된 사람들을 무시해 왔다고 지적하면서 진정한 역사연구는 다수 민중의 입장에서 그들의 역할을 중시해야 한다고 주장했다. 사회사의 입장에서 살펴본

『미국 민중사』의 저자 하워드 진.　　　『미국 민중사』 원서 표지.

역사해석을 보면 역사 속의 르네상스는 여성들에게는 르네상스가 아니었고, 미국의 발견은 부분적으로 인디언 제거에 관한 이야기이며, '명백한 운명론(manifest destiny)'은 제국주의적 팽창을 합리화하기 위한 이데올로기적 정당화 이론이고, 미국 역사에서 노예제도는 한 시대에 국한되어 있는 '특별한 제도'가 아닌 인종차별로 연결되었다고 해석하였다.

　이러한 미국 사회사 연구는 역사관이나 방법론 면에서 여성사 연구에 많은 영향을 주었다고 할 수 있다. 여성 사학자들 중에는 여성이나 남성들이 속해 있는 기관을 각각 비교·분석하는 경우도 있었고, 여성들 사이의 차이점을 강조하는 사가들도 있었다. 그들은 여성이 남성과 다르다는 점을 강조하는 한편, 그동안 일반적으로 받아들여졌던 미국의 민주주의에 대해 새로운 해석을 내리게 되었다. 칼 데글러(Carl Degler)와 같은 역사가는 역사에 대한 새로운 개념의 필요성을 인식하여 다음과 같이 말하고 있다.

　　역사 또는 과거라는 것은 여성사가 그것의 한 부분이 되기 전에 개념이 바뀌어야 한다고 본다……왜냐하면 그동안 일반적으로 받아들여졌던 과거 또는 역사라는 것은 여성들의 활동들은 배제시킨 채 남성들의 활약상에만 몰두해 왔기 때문이다……우리가 현재 직면하고 있는 도전은 현재 우리가 쓰거나 가르치는 과거에 여성을 포함시켜 새로운 개념 정의를 내려야 한다는 것이다.[4]

　미국 사회사 연구방법은 또한 여성사 연구방법에도 어느 정도 영향을 끼쳤다. 사회사는 우선 일상생활에서 사용되는 여러 가지 자료들－유언장, 관리문서, 회계장부－을 통한 계량적 역사 분석방법을 사용함으로써 새로운 방법론을 제시했다. 그 영역 면에서도 역사뿐만 아니라 사회학, 인류학, 인구통계학 등과 같은 학문과 학제 간 연구가 가능하다는 점을 시사해 주었다. 둘째로, 사회사를 통하여 정치조직, 직장생활을 하는 여성들을 연구했으며, 새로운 조직이나 기관으로서 가족에 대해 눈을 돌리게 되었다. 이를 통해서 가족들 간의 관계, 성 문제, 출산 등의 문제도 충분히 역사적 연구대상이 될 수 있다는 점을 보여 주었다. 셋째로, 사회사는 거시적 관점을 통해서 그동안 백인 남성이 중심이 되었던 정치사의 서술적 접근에 대응할 수 있었고, 인간의 삶을 분석하는 데 보다 다양한 접근을 시도할 수 있었다. 그 결과 사회사는 이전의 정치사 분야에서 도외시되어 왔던 그룹에 대한 연구를 통해서 여성사에 대한 관심을 높여 주었다.

1980년대 중반까지의 여성사 연구의 경향

보충사적 역사서술

초기 미국 여성사 연구는 유명한 여성들의 정체성과 그들의 활동을 낱낱이 기록해 놓는 보충사(compensatory history)적인 경향이 강하게 나타난다. 그러한 여성들 중에는 정치적·종교적 지도자들이거나 탐험가, 과학자, 예술가 그리고 자선활동에 앞장섰던 명문 가문의 여성들이 많았고, 역사서는 주로 그들의 업적에 대한 기록들이었다. 이러한 연구 결과는 자서전과 편지 모음집으로 출판되었다. 19세기 초 미국의 중·상류층 여성들은 빈민들을 위한 자선활동뿐만 아니라 차차 노예해방, 금주, 매춘 반대운동에 앞장섰다. 하지만 이러한 종류의 보충사적 연구는 여성들의 활동이 미국 사회 전반에 끼친 영향에 대해 객관적인 평가를 내리지는 못했다. 이러한 측면에서 보충사적인 여성사 연구는 남성 중심의 역사서술에서 크게 벗어나지 못했다는 한계를 가지고 있다.

공헌사적 역사서술

다음은 공헌사(contribution history)적 역사서술로서 이러한 경향은 어느 정도 개념화된 여성사 단계로 설명될 수 있다. 이러한 역사서술을 통해 사가들은 여성들의 관점에서 역사상 중요한 이슈나 주제 등과 관련된 운동에 대해 기록해 놓았다. 여성 참정권, 노예제 폐지, 진보적인 개혁기간 중의 '헐 하우스 운동(Hull House Movement)'이나 미국의 산업발전 기간 중의 로웰(Lowell) 지역 공장 여성들의 활동에 관한 내용이 그것들이다. 우선 19세기 말 헐 하우스를 중심으로 일어난 '사회복지관운동(Settlement House Movement)'은 넓은 의미에서 도시와 산업화 시대에 인간의 가치를 보존하기 위하여 시도된 사회운동이었다. 그 기원을 살펴보면 1884년 영국의 성공회 성직자였던 사무엘 바네트가 빈민들을 구제하고 그들의 삶을 고찰하고자 런던 동쪽의 빈민가 근처에 사회복지관을 건립하였던 때로 거슬러 올라간다.

1886년 뉴욕 시의 동부에 최초의 사회복지관이 건립된 이후 1889년 젊은 대학 졸업생인 제인 아담스와 엘렌 게이츠 스타가 시카고의 가난한 이민 지역에 사회복지관을 설립하였다. 그들은 그곳에서 이민 여성들의 교육 등 여러 측면의 복지운동을 주도했고, 이를 계기로 미국 내 사회복지관운동이 아주 빠르게 확산되었다.

1897년에는 74개의 사회복지관이, 1910년에는 400개가 넘는 사회복지관이 미국 전역에 설립되었다. 그 중 대부분은 시카고, 뉴욕 등지의 대도시에 집중되어 있었으며, 보스턴 지역에만 40% 이상이 몰려 있었다. 초기의 사회복지관은 대부분 기부금이나 이곳에 거주하는 사람들이 그들의 비용을 직접 충당하는 방법으로 운영되었고, 때로는 종교기관과 연계를 맺어가며 운영되기도 했다. 이들의 역할 중 가장 특기할 만한 사항은 대부분 가난한 이민 지역에 설립되어 이민 여성들의 교육 등을 도맡아 그들의 미국 사회 내 정착과 적응을 도왔다는 점이다. 또한 이들은 여러 방면에서 복지운동을 주도했고, 미국 내 사회복지관운동이 시작되는 계기를 마련하기도 했다. 뿐만 아니라 이곳에서 활동하던 많은 여성들이 후에 여성운동의 지도자로서 성장했다는 점도 주목할 만한 사항이다.

이러한 '헐 하우스 운동'과 더불어 가장 두드러진 연구 성과는 여성의 경제 참여에 대한 공헌을 추적해 나간 로웰 여직공들에 관한 연구이다. 몇몇 역사가들은 로웰 여성들이야말로 여성들의 경제 참여에 가장 큰 공헌을 한 여성들이었다고 주장하고 있다. 19세기 초반 미국 여성들에게 일어난 가장 큰 변화는 여성들의 경제 참여로 인해 뉴잉글랜드 지방의 섬유산

제인 아담스는 시카고에 헐 하우스를 설립하여 사회복지운동을 주도하였다.

업에 여성 노동자들이 등장하였다는 점이다. 1830년부터 1860년 사이에 뉴잉글랜드 지방의 섬유산업이 발달할 수 있었던 것은 백인 미혼여성들의 경제적 참여 덕분이었다. 이들 중 가장 공헌이 컸던 그룹이 바로 매사추세츠 지방의 '로웰 소녀들'이었다. 독립된 계층이었던 이들 여성 노동자들의 환경은 이후 여성들의 노동환경과 노동운동에 매우 중요한 역할을 하였다.

19세기 초 미국의 뉴잉글랜드 지방을 중심으로 발전한 섬유산업에 참여한 여성 노동자들은 대부분 시골지방 출신의 백인 미혼여성들이었다. 이들은 다양한 동기, 즉 가정의 생계를 꾸려가기 위해 또는 자신의 욕구충족을 위해 노동시장에 동참하였고, 결혼자금을 마련하기 위한 소녀들도 있었다. 생산 활동에 대한 그들의 참여는 그동안 주로 가사노동에만 국한되어 왔던 과거에서 탈피해서 경제적 독립성을 가지고 사회생활에 참여하는 생활로의 큰 변화를 가져왔다. 대부분의 소녀들은 기숙사 생활을 해야 했는데, 이는 시골에 있는 부모님을 안심시켰을 뿐 아니라 그들이 도시생활을 익혀 가는 데도 중요한 완충작용을 해주었다. 때에 따라서 그들은 기숙사 생활을 통해서 누릴 수 있는 학문적 충족, 즉 교육의 기회를 위해 로웰을 찾아오기도 했다. 이러한 분위기를 말해주듯 이 당시 소녀들이 몰려드는 현상을 '로웰의 열병'이라고 일컫기도 했다. 그들은 가정을 떠나 기숙사에 거주하면서 공동체를 형성하였고, 이러한 공동체를 통해 의견을 교환하면서 그들만의 공감대를 형성해 나갔다.

때때로 공장생활은 그들에게 큰 고통으로 다가오기도 했다. 그들은 갑자기 바뀐 환경에서 혼란을 겪을 때도 많았고, 때로는 향수병에 걸리기도 했다. 이런 상황에서 그들의 입장을 대변해 준 잡지 『로웰 오퍼링 *Lowell Offering*』은 그들에게 많은 도움을 주었다. 이것은 교회의 목사이기도 한 찰스 토마스가 주도하여 펴낸 여자 공원들을 위한 잡지였다. 이 잡지는 1840년 10월부터 1845년 12월 사이에 출판되었고, 각 장은 16페이지 정도로 되어 4편으로 나뉘어져 있다. 이 잡지는 로웰에서 일하는 여공원들의 직업이 비천한 것이 아니라는 것을 강조하였고, 여공원들이 자긍심을 갖도록 격려하는 것을 가장 중요하게 여겼다.

여공들은 공장생활에 적응해가는 과정에서 그들의 노동환

경과 노동조건들이 얼마나 열악한가를 깨닫게 되었고, 그들이 살아남을 길은 서로의 단결뿐이라는 것을 인지하기 시작했다. 이러한 인식은 곧 집단적인 노동운동으로 발전하게 되었다. 1836년 최초의 노동파업이 발생했고, 이 소녀들이 10시간 노동운동의 주도적인 역할을 담당했다. 공장문은 폐쇄되었고 소녀들은 거리로 쏟아져 나와 그 당시 노동 운동가들의 연설을 들었다. 평소 생활에서부터 형성된 소녀들의 결집력은 노동운동에 많은 도움을 주었으며, 이들은 이러한 노동운동을 통해 일터의 경험이 바탕이 된 가치 및 태도의 변화를 보여 주었다.

1840년대 중반에는 뉴잉글랜드 노동자협회(New England Workingmen's Association: NEWA)의 부속기관으로 로웰여성노동개혁협회(Lowell Female Labor Reform Association: LFLRA)가 창립되었다. 이는 여성 노동자들의 주도로 설립된 최초의 노동조합으로 차후 노동운동뿐만 아니라 반노예운동, 금주운동 등에도 참여하게 된다. 이들을 중심으로 형성된 노동운동은 당시 여성들의 의식 성장에 커다란 작용을 했으며, 더 나아가 이러한 운동에 참여했던 지도층 여성들은 미국의 수전 앤터니(Susan Anthony)와 엘리자베스 스탠턴(Elizabeth Cady Stanton) 등과 더불어 여성 참정권 운동의 지도층이 되었다.

주로 공헌사적인 서술에서는 여성들의 참정권 운동, 노동운동 그리고 도덕 개혁운동이 미국 전체의 도덕 개혁운동이나 노동운동에 어떠한 영향을 끼쳤는가를 분석하였다. 또한 남성 중심의 사회에서 여성들이 어떠한 방법으로 억압에 대해 저항

로웰 지역 섬유공장에서 일하는 여직공들의 모습.

하였는지에 대한 공헌도 분석되었다. 이 시기에는 여성사 자료들의 방대한 수집품이 생겨났으며, 이는 '여성사 자료집(Women's History Sources Survey)'이라는 주제로 미국 각 주의 고(古)문서 자료리스트에 올라 있다. 이를 계기로 여성사는 성격을 달리해 집단 여성들의 자각, 공동체와 조직에서 그들 작업의 가치에 대한 인식이 생기게 되면서 이전과는 다른 새로운 문서화 태도가 나타났다. 더 이상 여성들은 유명한 인물이라든가 지도력의 찬양에만 매달리지 않게 된 것이다. 공헌사는 여성운동, 특히 참정권 운동의 조직과 그 지도자들에 대한 연구 성과면에서 큰 기여를 했다고 볼 수 있다.

1881년에는 엘리자베스 스탠턴과 수전 앤터니에 의해서 여성 참정권에 대한 역사서가 출판되었다. 『여성 참정권의 역사 *History of Woman Suffrage*』는 총 6권으로 구성되어 있으며, 각 주의 여성들로부터 기고문을 받아 여성운동의 역사를 체계적으로 정리하였다. 이 작업에 참

여한 페미니스트들은 여성사의 부재가 여성들에게 무엇을 의미하는지 이미 알고 있었고, 역사를 쓰는 사람들에게 우선적으로 필요한 것은 자료라는 사실을 미약하게나마 깨닫게 하였다. 그들은 이 운동이 여성의 클럽 운동과 결합된 최대의 대중 조직이고 최대의 연합이지만, 기록의 보존이 체계적이지 않다

엘리자베스 스탠턴과 수전 앤터니의 모습.

면 사람들의 기억 속에서 쉽게 잊혀질 수 있다는 사실을 인지하고 있었다. 때문에 편집자들은 기록을 보존하는 것을 가장 중요하게 생각했다.

여성 참정권의 역사가 상징하는 욕구는 서술체 여성사를 쓰려는 최초의 노력이며, 또 역사의 시기마다 다양한 사회에서 여성들이 차지한 지위를 이론적으로 설명하려고 시도했다는 점이다. 이 책은 여성사 연구에 큰 공헌을 했지만 여러 가지 한계점 또한 안고 있었다. 낸시 아이센버그는 『여성 참정권의 역사』에 관해 "불완전하며 결점이 많고, 상당한 편견을 가지고 자료를 이용한 책이고 또한 그것은 몇몇 여성들의 지도력을 강조하기 위해 많은 운동가들과 선배 운동가들의 역할을 무시하거나 격하시켜서 그 운동의 기원을 왜곡시키고 있다"고 비판하였다. 비록 이 저서에서는 남성 중심의 시각을 우선하였고, 여성의 입장에서는 여전히 내면의 변화, 특히 여성들의 주체적이면서 긍정적인 역할이 결여되어 있었다. 하지만 이 저서는 서술체 여성사를 시도한 최초의 노력이며, 또 역사의 시기마다 다양한 사회에서 여성들이 차지한 지위를 이론적으로 설명하려고 시도했다는 점이 높이 평가될 수 있다.

1920년대나 1930년대 개척자적인 역사가들 중 줄리아 스프루일(Julia C. Spruill), 매리 비어드(Mary Beard) 그리고 캐롤린 웨어(Caroline Ware) 등은 그들의 저서를 통해 개척지 정착, 노예해방, 도시화, 산업화, 혁신주의 등에 관한 여성들의 참여에 대해 기술하였다. 특히 줄리아 스프루일은 그녀의 저서에서 남부 식민지 여성들의 생활과 일에 관한 내용을 다루면서 여성들이 남부 식민지에서 중요한 역할을 해왔음을 설명하였다.

여성 참정권 운동가의 모습.

매리 비어드는 재야의 여성 지식인들 중 한 사람으로 여성들의 경험에 대한 보다 정확한 분석을 시도했다. 그녀는 1920년대의 노동운동과 여성운동에 참여한 활동가였으며, 참정권 운동가들과 함께 수년간 '세계여성문서보관소(World Center for Women's Archives)'를 만들기 위한 운동 등 여성사 확립을 위한 일들을 계속해 왔다. 비록 이러한 사업은 1940년대에 이르러 후원 부족으로 큰 성공을 거두지는 못했지만, 추후 미국의 주요한 여성사 자료 도서관 중의 하나인 레드클리프 대학의 '슐레진저 자료보관소(Schlesinger Library Archives)'와 현재 프린스턴 대학에 있는 '미리안 홀덴(Mirian Holden)' 소장품들이 생기는 데 큰 역할을 했다.

물론 매리 비어드의 글을 비판하는 사람들도 적지 않으나, 멀리 15세기까지 되돌아가 그동안 논의되지 않았던 많은 주제들을 다룬 사가였다는 점에서 그녀의 기여도는 매우 크다고 할 수 있다. 뛰어난 훈련을 받은 역사가이면서도 의도적으로

보스턴의 레드 클리프 대학
'슐레진저 자료보관소'.

학문 기관에 속하지 않았던 그녀는 여성들이 항상 역사의 중심에서 원동력이 되어 왔다고 주장했다. 매리 비어드는 여성사를 학문적인 주제로 개념화했을 뿐만 아니라 이와 관련해서 4권의 저서를 남기기도 했다. 또한 그녀는 남편이자 역사가인 찰스 비어드와 공동 작업으로 여성들의 세계관 등을 중심으로 그동안 다루어지지 않았던 주제들을 선정해 여성들의 유리한 입장이 나타날 수 있는 역사서술을 시도하였다. 또한 그녀는 "여성이 역사이며, 역사를 만든다"고 주장하면서 이러한 사실을 뒷받침하기 위해 많은 노력을 기울였다.

비판적 역사서술

세 번째 단계는 그동안 활발히 진행되어 오던 공헌사를 바탕으로 이전의 전통적인 접근을 비판, 재해석하는 단계이다. 이 시기의 연구들을 살펴보면 그동안의 여성들의 공헌에 대한 서술들은 여전히 전통적인 역사해석에서 벗어나지 못했다는 점을 지적하면서, 여성의 입장에서 그들의 경험을 재해석한 시도들이 눈에 띈다. 가장 대표적인 저자로는 미국 혁명기 여성들의 역사를 서술한 린다 커버(Linda Kerber)를 들 수 있다. 미국 혁명기 여성의 역할에 대한 논의에서 린다 커버는 '공화주의적 모성성'이라는 이념과 이미지를 설명함으로써 여성을 가정 안으로 격하시킨 공화주의 이론과 여성의 실제적인 공적 활동 사이에서 발생한 딜레마에 대한 해결책을 제시했다.

이 개념에 따르면 어머니는 가정의 규율을 지켜나갈 의무와 시민으로서 자녀의 도덕교육을 책임질 의무가 있으므로 어린 소녀들에게 여성들을 위한 교육의 기회를 넓혀 주는 것은 국가의 책임이라는 것이다. 이는 여성 시민의 문제를 가정성 그 자체에 정치적 의미를 부여함으로써 정당화시켰고, 아들을 도덕적이며 모범적인 시민으로 양육해야 할 여성의 의무를 국가에 대한 애국심과 관련지음으로써, 여성에게 조국의 미래에 대하여 어느 정도 기여할 수 있는 능력이 있다는 것을 설명하였다.

또한 바바라 월터(Barbara Welter)와 낸시 코트(Nancy Cott)는 19세기 여성들에 대한 재해석을 내놓았다. 이들은 각각 19세기 중엽, 사회에서 요구하는 진정한 여성상에 대한 논의를 사회구조적 관점에서 바라보았다. 우선 바바라 월터는 19세기 여성상을 설명하기 위해 '진정한 여성다움의 예찬'이라는 용어를 사용하였다. 19세기 미국 사회는 도시에 거주하는 중·상류층의 여성들에게 가정성(domesticity), 신성함(pious), 정숙함

(purity), 복종(subordination) 등의 미덕들을 강조했으며, 가정이라는 곳은 남성들의 주된 영역인 공적인 영역에 반대되는 개념으로 치열한 경쟁사회에서 시달린 가장들에게 안정감을 제공할 수 있는 곳으로 간주되었다고 주장했다. 또한 그녀는 이렇게 중·상류층 여성들에게 강조되었던 미덕들이 저소득층의 여성들에게는 해당되지 않았으며, 오히려 이들의 희생을 바탕으로 이러한 미덕들이 유지될 수 있었다고 설명했다. 낸시 코트는 여성들의 일기장이나 편지 등을 분석하여 여성들의 삶에 나타난 물질적 환경 변화와 여성들의 활동영역의 상관관계에 대한 연구를 시도했고, 그 결과 19세기 여성들의 생활은 경제적 의존성과 밀접한 관계를 가져왔다는 것을 밝혀냈다.

이처럼 1980년대 중반까지의 여성사 연구는 보충사나 공헌사를 중심으로 꾸준히 진행되어 왔으며, 한편으로는 전통적인 역사 해석에서 벗어나려는 시도를 계속해 왔다. 하지만 그 주제나 연구방법에서는 여전히 많은 한계점을 안고 있다. 이후 여성사 연구는 1980년대 들어 새로운 패러다임이 도입되면서 큰 변화가 발생하게 된다. 그것은 바로 젠더 개념의 도입과 여성사의 재해석이다.

젠더의 개념과 새로운 역사학의 패러다임

젠더 개념의 도입

1980년대 중반부터 1990년대에 걸친 미국 여성사 연구의 주요 특징은 기존의 여성사 연구에서 볼 수 없었던 새로운 역사학의 패러다임을 제시하고 있다는 점이다. 과거의 여성사 연구가 주로 위대한 여성들에 대한 단편적인 연구 내지는 계층이나 인종 간의 차이를 둔 여성들의 경험을 연구해 왔다면, 1980년대 중반 이후에는 사회화된 성을 의미하는 '젠더(gender)'의 개념이 도입되었다. 여성 사학자들은 생물학적 성을 지칭하는 '성(sex)'이라는 용어 대신 사회·문화적으로 형성된 성을 나타내는 '젠더'라는 개념을 역사분석의 기본 틀로 삼았다. 생물학적 성에 기초한 여성사 연구는 많은 한계점을 가지고 있기 때문에 사회구조를 포함한 사회적 영역에 걸친 권력구조 연구를 통해서만이 통찰력 있는 여성사를 연구할 수 있다는 것이다. 그러므로 생물학적 성과 사회·문화적 젠더의 차이를 이해하는 것은 남성과 여성의 역사적 경험의 차이를 이해하는 단초가 되었다.

또한 이 두 가지를 모두 포함하는 포괄적인 의미의 '성성(sexuality)'에 대한 논의도 제기되었다. '성성' 역시 사회적으로 형성된 것으로 역사적으로 볼 때 성에 대한 선호도는 사회에 따라 다르게 나타나고 있음을 설명하고 있다. 여성사적 관점에서 성성에 대한 논의가 언급되었던 것은 캐롤 스미스 로젠버그(Carroll Smith-Rosenberg)의 「사랑과 의식의 여성세계 The Female World of Love and Ritual」라는 논문이었다.

그녀는 성적 또는 감정적 충동을 하나의 스펙트럼으로 설명하면서 한쪽 끝에는 이성애가 또 다른 극단에는 동성애가 존재하며, 그 중간에는 감정이나 성적 느낌들이 폭넓게 자리잡고 있다고 주장했다. 그리고 성성이라는 것도 그 나름대로의 역사를 지니고 있으며, 역사연구를 통해 그동안 사회에서 여성들에게 복종을 강요하는 데 성성이 어떠한 역할을 해왔는가를 살펴보는 것이 무척 중요하다는 것을 지적해 주었다. 예를 들어, 19세기 중엽 사회 개혁운동에 앞장섰던 제인 아담스와 릴리안 왈드와 같은 여성들의 삶에 대한 연구를 통해 이들의 사적인 인간관계가 공적인 행동주의를 유지시켜 준 원동력이 되었다는 점을 밝혀냈다.

니키 케디(Nikki Keddie)와 던 마리에타(Don Marietta)는 『젠더와 성성에 관한 논쟁 *Debating Gender, Debating Sexuality*』에서 인간의 성을 다각적으로 분석하고 있다. 우선 니키의 경우 젠더와 성성을 여성의 억압, 여성문화, 여성복지, 마르크시즘과 여성사, 푸코와 성성 또는 프로이트와 성성으로 나누어 다각적으로 분석하고 있는데, 각각의 주제마다 엘리자베스 팍스 제노비스나 린다 고든과 같은 유명한 여성 사학자들의 논평을 덧붙였다. 던 마리에타의 경우 오늘날의 성성을 철학적 또는 심리학적 문제와 결부시켜 논의했는데, 특히 간통, 동성애 또는 포르노그래피 등과 같은 도덕적 문제에 페미니스트 이론을 적용시켜 분석하고 있다.

이와 같이 젠더는 여성 사학자들에게 역사분석을 연구하는 기본적인 틀을 제공해 주었다. 젠더에 기초한 역사적 접근을 살펴보면 남성과 여성 사이의 역사적 경험은 큰 차이를 두고 발전해 왔고, 특히 이것은 정치적·경제적 관계뿐만 아니라 법적 관계에서도 남성과 여성의 경험 차이를 불러왔다는 것이다. 허마 힐 케이(Herma Hill Kay)는 역사적으로 여성들에게 가해져 온 법적 차별을 분석했는데, 식민지 시대 이래로 결혼한 여성의 소유권법과 여성의 법적 지위의 변화에 관해 지적하면서 이러한 차이가 당시 여성들의 삶을 남성들과 어떻게 차별화시켰는가에 대해 설명하였다. 엘리스 케슬러(Alice Kessler)는 사회에서 여성의 직업으로 간주되는 분야에 대해 서술하면서 남성과 여성에게 주어지는 임금은 중립적인 것이 아니라 사회적으로 형성되는 것이고, 여성의 직업 또는 남성의 직업이라는 용어에는 여러 가지 함축적인 의미가 있다고 주장했다.

이 시기 여성사 연구방법에 관한 많은 연구를 시도한 조안 스코트(Joan Scott)는 여성사의 이론화를 주장했다. 그녀는 그녀의 저서를 통해 그동안의 여성사 연구가 너무 세부적인 주제를 바탕으로 한 개별적인 연구에 치중해 왔음을 지적하면서 여성들의 다양한 삶과 오랜 기간 지속되어 온 불평등한 삶을 설명할 수 있는 종합적인 시각의 정립을 주장하였다. 또한 조안 스코트는 포스트구조주의를 사회사나 문화사에 적용시킬 수 있음을 결정적으로 보여 주었다. 특히 젠더라는 개념을 역사의 한 분석요소로 간주하면서 이 개념은 일반화시킬 수 있는 단순한 개념이 아님을 강조하였다.

여성의 역사를 연구함에 있어 단순히 여성들과 관련된 사실들을 밝힌다는 것은 큰 의미를 지니고 있지 않다. 즉, 역사적 주제로서 그동안 도외시되었던 여성들을 역사의 중심에 오도록 하기 위해서는 여성을 역사연구의 주제로 만들어야 할 뿐만 아니라 역사를 구성하는 범주 자체를 바꾸어야 한다는 것이다. 또한 젠더라는 것은 인간의 성적 차이에 관한 지식이며, 지식이란 문화와 사회에 의해 생겨난 인간에 대한 이해라고 설명하고 있다. 따라서 젠더라는 것은 오랜 기간에 걸쳐 발전되어 온 가장 중요하고 영향력 있는 사회구성 요건으로서 젠더 간의 관계가 곧 권력관계이며, 즉 젠더와 지식은 사회적으로 형성된 것임을 강조하였다. 이러한 패러다임은 역사학의 역할이 사회조직 과정에 함축되어 있는 한 분야로서 연구되어야 함을 주장하는 것이었다.

마녀사냥과 젠더

젠더 관계를 권력의 문제로 볼 때 뉴잉글랜드 지방의 마녀사냥에 대한 연구의 변화과정은 큰 의의를 지닌다. 뉴잉글랜드 지방의 마녀사냥은 종교적·사회적 또는 경제적 요소와 밀접한 관련이 있었으며, 그 과정에서 무고한 희생자의 대대수가 여성들이었다는 사실은 많은 점을 시사해 준다. 17세기 뉴잉글랜드 지방의 마녀사냥에 대한 논의는 이미 오래전에 시작되었다. 특히 뉴잉글랜드 지방의 신학자들은 이 문제에 대해 다방면으로 접근하였다.

우선 가장 오래된 인물로 코튼 마더는 마녀재판이 지속적인 비난에 직면하자 마녀들이 근본적으로 사탄과 관련이 있다고 강조하였다. 하지만 곧 마더의 해석은 설득력을 잃게 되었으며, 존 해일과 보스턴 상인인 로버트 칼리프와 같은 사람으로부터 심한 비난을 받게 되었다. 만일 사탄이 세일럼에 나타난 것이 아니라면 이러한 비극적인 사건을 어떻게 해석해야 할 것인가? 1867년 찰스 업햄은 논리적이고 설득력 있게 이를 설명하였다. 그에 따르면 소위 마녀에 대한 주된 증인들인 '고통받는 소녀들'이 의도적으로 거짓말을 했다는 것이다. 이러한

세일럼 마녀 재판 광경으로 광
기 어린 소녀들 앞에서 피고인
이 서 있는 장면.

소녀들의 음모론은 일반적인 해석이 되었고, 19세기 역사서적
에서 공공연하게 인용되었다.

또 다른 측면으로 볼 때 만일 이러한 소녀들이 의도적으로
거짓을 행하지 않았다면 이 소녀들은 실제로 어떠한 히스테리
의 희생자인 것일까? 이러한 질문에 대해서 어니스트 컬필드
는 세일럼의 소녀들이 불안한 성품을 갖게 된 데에는 청교도
의 엄격한 양육태도에도 원인이 있다고 설명하였다. 이에 반
해 생물학자인 린다 카포레일은 이러한 소녀들의 비합리적인
행동은 만연된 질병에 그 원인이 있다고 주장하였다. 심리학

자인 니콜라스 스파노스와 잭 거트리브는 카포레일의 진단을 정면으로 반박하였는데, 이들은 청교도 지도자나 신념 자체가 이러한 비극의 원인을 제공했다고 설명하였다.

이러한 해석과 성격을 약간 달리한 것은 '죄'에 대한 다른 관점이 등장하면서부터였다. 이 관점은 마녀사냥에 대해 사탄을 원인으로 보지 않고 청교도, 소녀들, 히스테리, 병적 증세 등에서 그 원인을 찾았다. 하지만 그 후 역사학자 패리 밀러는 그의 저서를 통해 청교도 신앙에 대한 기본적 신념을 재구축하였다. 그는 세일럼의 경우가 이러한 구조에 어떻게 적용되는지에 관해서 잘 보여 주었다. 다른 역사가들도 밀러의 해석을 따르고 있는데, 그들도 마법행위들을 일탈행위로 보기보다는 식민지 시대의 사회질서와 정신세계의 거대한 틀을 반영하는 것으로 해석하였다. 카이 에릭슨의 경우 청교도에 의한 마녀사냥을 내부 질서의 혼란에 대한 사회의 통제수단이라는 측면에서 설명하고 있다.

오늘날 마녀재판과 관련된 새로운 여성사적 재해석은 페미니스트 사가들에 의해 제기된 것으로 그들은 이러한 역사적 현상을 젠더 문제와 관련시켜 분석하고 있다. 대표적인 학자로는 앤 바로우(Anne Barrow)와 캐롤 칼슨(Carol Karlsen)이 있는데, 이들은 성공한 비즈니스 여성, 여성 상속자, 미망인 또는 독신녀 등을 마녀사냥에 고소될 위험성이 가장 큰 여성으로 지적하고 있다. 칼슨의 연구에 따르면 여성들이 재산상속의 가능성을 지닌 신분이라면 마녀로 몰리게 되는 경우가 많

있는데, 이는 사회 내 여성의 지위를 말해 준다고 설명하였다. 다시 말해서, 뉴잉글랜드 지방에서 여성들이 경제적 능력을 보유하게 된다는 것은 하나의 경계대상이 된다는 의미였다. 결론적으로 칼슨은 뉴잉글랜드 지방의 마녀들이야말로 기존 체제를 거부하는 불평이나 분노를 표현하고, 자부심을 가진 여성들로 어떠한 의미에서 이들이 갖는 불만은 신(God)이나 남성들에 대한 여성들의 저항으로 해석하였다.

남북전쟁과 젠더

젠더를 중심으로 역사연구를 시도한 분야 중 최근 들어 관심이 집중되고 있는 것으로 전쟁사에 관한 연구를 들 수 있다. 그 가운데 하나가 미국 남북전쟁에 관한 연구이다. 그동안 미국 남북전쟁에 관한 역사연구는 정치·외교사적 측면에 집중되어 있었다. 여성사적 연구가 있었다고 하더라도 주로 남북전쟁 중 북부지방에 거주하고 있던 중·상류층 여성들의 활동을 중심으로 연구되었다. 특히 전쟁 중 여성들의 역할에 관한 연구와 전쟁과 더불어 혼란스러운 상황에 봉착한 여성들의 세계를 바라보는 관점의 변화 등이 주된 주제가 되었고, 이러한 연구는 주로 여성들의 일기장이나 편지 등을 통해서 심도 깊게 다루어졌다.

그러나 1990년대에 들어서며 이러한 경향은 점차적으로 변화되었다. 새로운 사회사 연구는 백인 중심의 정치, 외교, 경제에 초점을 맞추어 왔던 전통적인 관점에 도전하게 되었고, 주된 관심도 그동안 소외되어 왔던 여성, 흑인 등을 중심으로 평범한 일과에 주력하게 되었다. 이전에는 전쟁사를 하나의 전통사로 간주하여 그에 대한 연구를 꺼려하던 여성사 연구자들이 이제 전쟁사를 젠더 체계를 변화시키는 데 크게 기여한 역사적 사건으로서 주목하기 시작한 것이다. 그 한 예로 1990년대 남북전쟁사 연구에서는 전쟁의 발발 시기가 미국 역사에서 여성과 남성의 영역이 명확히 구분되어 있던 시기였고, 따라서 성 역할의 변화를 그 분석의 관점에서 제외시킬 수 없다는 시각이 그 당시 주된 연구 경향이었다.

그 대표적인 저서가 바로 캐더린 클린턴(Catherine Clinton)과 니나 실버(Nina Silber)에 의한 『분열된 가정: 젠더와 남북전쟁 *Divided House: Gender and the Civil War*』이다. 이 책에서는 남

남북전쟁 중 전쟁터로 변해버린 남부지역 여성들의 활약.

북전쟁이 남성과 여성의 성 역할에 하나의 큰 분기점이 되었다는 주장과 함께 여성성과 남성성에 관한 논의 및 젠더와 가족이라는 포괄적인 주제도 함께 다루고 있다. 이 저서의 특징은 이러한 주제를 한 계층이나 인종에 초점을 맞추기보다는 남부와 북부, 남성과 여성, 흑인과 백인, 지도층과 일반 대중 모두를 종합적으로 분석하고 있다는 점이며, 기존의 전통적인 역사 연구방법으로부터 벗어나 전쟁이라는 하나의 커다란 역사적 사건을 젠더 관계로 보았다.

구체적인 내용을 살펴보면 남북전쟁의 여파는 북부 여성들보다 남부의 여성들에게 더 큰 변화를 주었다는 분석이 나와 있다. 북부가 아닌 남부지방이 대부분 전쟁터로 사용되었고, 많은 남부 여성들은 그들의 남편과 아들들을 전쟁터로 떠나보낸 뒤 어린 자녀들과 함께 어려운 환경에서 농장 경영과 농사일을 담당해야 했기 때문이다. 그들은 북부 군들의 침입을 경험했을 뿐만 아니라 항구의 봉쇄로 말미암아 생겨나는 인플레이션을 겪어야 했으며, 식량의 결핍과 절대적으로 부족한 노예들과 때로는 항거하는 노예들을 데리고 농장을 경영해야 했다. 리치먼드에서 발생한 빵 폭동은 많은 남부 여성들이 이러한 식량 부족 현상을 더 이상 감수할 수 없었던 상황을 잘 말해 주고 있다.

그러나 남부 여성들은 이러한 어려움을 적극적으로 극복했다. 남북전쟁 이전부터 노예를 소유하고 있었던 대부분의 남부 여성들은 부양의 책임에 대한 직접적인 경험은 없었지만,

남북전쟁 중 북부군 병원에서 병사들을 위로하고 있는 간호사의 모습. 당시 간호사들의 자격요건은 30세 이상으로 평범한 외모의 여성이어야 했다.

남북이 일어나게 되자 모든 상황은 돌변했다. 이 당시에는 북부 여성들이 남편의 사업에 관해 일절 상관할 수 없었을 때였다. 반면에 남부 여성들은 농장 경영과 더불어 가정 밖의 일을 경험하면서 살아가는 방법들을 익혀야만 했고, 그들은 이러한 경험을 통해서 사회 참여를 위한 새로운 기술을 습득하기 시작했다. 그 시기 남부 여성들에 대한 평가는 북부 군과 그 밖의 관찰자 등에 의해 종종 이중성을 띠기도 했다.

그들은 남부 여성들의 격렬함과 여성답지 못함을 빈번하게 비난했으며, 이를 큰 문제거리로 삼아 '여성이기를 포기한 남부 여성들'과 같은 감정적 기사들을 북부지방의 신문에 자주 실었다. 동시에 북부의 신문 기자들은 남부 여성들의 단호함과 결단력 내지는 그들의 헌신과 희생을 극대화시키는 이중성을 보이기도 했다. 그들은 이러한 내용을 기사화함으로써 북부 여성을 자극하려 한 것이다. 이에 대해 북부인들은 많은 북부 여성들이야말로 진정한 여성다움을 지녔으며 남부 여성들은 격렬하고 변덕이 심하다고 반격하기도 하였다. 어떤 의미에서 이러한 이중성은 전쟁으로부터 그들의 가족과 사회질서를 지켜나가기 위해 남성적인 역할을 수행해야만 했던 남부 여성들에게 닥친 가부장적 기존체제의 도전을 의미하는 것이었다.

제2차 세계대전과 여성의 경제 참여

리벳공 로지

젠더와 관련하여 많은 흥미를 불러일으키고 있는 분야는 제2차세계대전으로 야기된 여성의 경제 참여라고 볼 수 있다. 역사가들은 제2차세계대전이 미국 여성들에게 미친 영향에 대해 다양한 해석을 내리고 있다. 특히 전쟁의 영향으로 4년 동안 6백만 명의 여성이 유급 노동력으로 편입되었다는 사실의 역사적 의미에 대해서는 매우 상반된 의견을 제시하고 있다. 우선 윌리엄 체프와 수잔 하트만은 제2차세계대전이야말로 미국 여성사에 전환점을 제공해 준 획기적인 사건으로 수많은 미국 여성들이 집을 벗어나 직업을 가질 수 있도록 길을

열어 주었을 뿐만 아니라 제2기 여성해방 운동의 등장에도 큰 기여를 했다고 주장하고 있다.

반면에 레일라 러프는 제2차세계대전 중 이루어진 여성들의 경제 참여는 단지 차별의 장벽이 일시적으로 낮아진 것으로 미국 사회 안에서 여성의 지위와 기회에 영속적인 영향을 미치지는 못했다고 주장하였다. 앤더슨, 켐벨, 밀크맨 또한 미국 여성들에게 제2차세계대전은 체프가 주장한 것만큼의 커다란 전환점이 되지는 못했다는 해석을 내렸다. 그들은 노동시장에서 여성들의 역할이나 지위가 남성들에 비해 열악했다는 점을 지적하면서, 전쟁 중 많은 여성들이 노동시장으로 편입되었지만 그러한 변화는 지속적인 것이 아니었다고 분석했다. 그들의 주장에 따르면 '리벳공 로지(Rosie the Riveter)'의 이미지가 바로 이러한 측면을 잘 나타내준다는 것이다.

'리벳공 로지'는 방위산업체에 종사하는 여성을 상징하는 이미지로 미국이 제2차세계대전에 참전하게 되면서 그녀의 얼굴은 수많은 잡지표지와 광고의 전면을 장식하였다. 이러한 이미지는 여성의 전통적인 여성성을 전혀 잠식하지 않으면서도 방위산업체에서 일하는 여성들로 하여금 시민으로서의 애국적 의무를 다할 것을 강조하였다. 위의 사가들은 '리벳공 로지'의 이데올로기를 통해 제2차세계대전이 미국 여성들의 경제적 성장에 큰 변화를 가져다주지는 못했다고 주장하면서, 그 근거로 전쟁의 종료와 더불어 방위산업체에 종사했던 여성들이 갑자기 직장을 떠나야 했던 점을 지적하고 있다. 이렇게

'리벳공 로지'는 방위산업체에 종사하는 여성을 상징하는 이미지이다.

미국의 여성 사학자들은 여성에 대한 제2차세계대전의 영향에 대해 매우 다양한 분석을 내리고 있다.

여성학에 대한 다양한 접근들

1990년대 여성사 연구에서 나타난 또 다른 특징은 학제 간의 연구 성과를 들 수 있다. 우선 엘리자베스 런백에 의해 여성에 대한 심리학적 접근이 시도되었다. 20세기 초 정신병에 대한 연구는 정신의학의 발달과 더불어 광기상태의 연구로부터 인간의 정상상태와 그에 대한 일탈현상을 연구하는 것으로 변화되었다. 런백은 이러한 전문분야에서의 개념의 변화는 젠더에 대한 관심으로부터 시작되었다고 보았다. 1912년에 건립된 보스턴 정신병원의 경우를 예로 들어 정신병 분야의 남성화된 실습 등에 대해 논하였는데, 좀더 구체적으로 살펴보면 병원 측에서 실시하고 있는 환자들에 대한 정신적 치료, 환자들의 증상에 따른 분류, 환자들의 훈련 등을 실시함에 있어 모두 젠더화된 분류를 사용하고 있음을 밝혀냈다.

1990년 린다 고든에 의해 학제 간 연구를 중심으로 출판되었던 『여성들, 국가 그리고 복지제도 *Women, the State, and Welfare*』는 미국의 사회복지제도를 분석하는 중심축이 인종이나 계층이 아닌 젠더였다는 점에서 그 의의를 찾아볼 수 있다. 린다 고든은 그녀의 저서를 통해 그동안 사회복지제도의 연구 과정에서 젠더가 고려되지 않았다는 점이 얼마나 큰 한계점으로 작용했는지를 지적하였다. 그리고 이를 중심으로 한 구조적 분석을 통해서만이 여성적으로 미국의 사회복지제도에 대한 정책적 특징을 제대로 이해할 수 있다는 점을 주장하고 있다.

진 보이드스톤(Jeanne Boydston) 또한 다양한 개인적 편지, 일기장, 신문기사에 대한 분석을 바탕으로 저술한 '남북전쟁 이전의 미국 여성들의 가사노동'에 대한 그녀의 저서에서 가사노동의 경제적 중요성에 대해 재평가하였다. 그녀는 여성들의 가사노동이야말로 미국 북동지역의 산업화된 사회 부상의 큰 원동력이 되었다고 주장하였다. 또한 그녀는 미국 독립혁명과 1812년 전쟁 사이에 나타난 여성과 남성의 역할 변화와 미국 남북전쟁 이전 시기의 가사노동과 산업경제 부상의 상관관계를 분석하였다. 이와 같이 18세기 중반까지의 역사에서 여성들의 경제적 역할을 과소평가해 온 사회생활의 변화들을 살핌으로써 가사노동에 대한 이념의 변화를 구체적으로 밝혀내고 있다.

그녀의 말에 따르면 결혼한 여성들에게 부여된 바람직한 이미지는 식민지 시대에는 가정 내에서 경제활동의 주역을 담당하는 사람이었고, 19세기에 들어서는 비생산자로서 경제적으로 의존하는 이미지로 남게 되었다는 것이다. 보이드스톤은 이를 통해 19세기 시장경제체제가 무임금노동을 무가치한 것으로 격하시킴으로써 아내나 어머니의 역할을 과소평가하고 있다고 주장하였다.

19세기에 이루어진 여성에 대한 접근은 여성들에 대한 연구

만으로 진행된 것은 아니었다. 로버트 그리스월드는 19세기 캘리포니아를 대상으로 한 가정과 이혼에 관한 연구를 통해서 가족사를 바라보았다. 그는 이 연구를 통해 19세기 여성상과 남성상에 대한 분석을 시도하였다.[5] 그리스월드는 1850년부터 1890년까지 일어난 400건의 이혼사례를 분석, 주로 농부, 노동자, 아내들 그리고 가내하녀들의 가정사에 대해 연구하였다. 이전에는 여성들의 일기장이나 편지를 통해 주로 중·상류층 여성들의 삶을 연구한 반면에 그의 연구는 가정생활에서 남편과 아내에게 요구되는 역할과 부부 사이의 권력관계 등이 그 대상이었던 점을 특징으로 들 수 있다. 이를 통해 19세기 사회에서 여성이나 남성들에게 요구되었던 미덕과 이것을 어길 경우에는 어떠한 처벌들이 뒤따랐는가를 설명해 주고 있다.

가족사 연구

  최근 들어 여성사와 관련된 연구 분야로는 성의 역사와 가
족사를 들 수 있다. 이 분야의 연구는 구체적으로 연애와 결혼
그리고 출산, 더 나아가 강간, 매춘, 동성애까지를 포함한다.
가족사와 성의 역사가 분리되어 연구되기 시작한 것은 1970
년대부터로 이 분야에서 새로운 의문들이 속속들이 등장하기
시작했다. 우선 가족사에서는 그 초점이 전통적인 가족형태,
즉 대가족의 가부장제에서 근대적인 핵가족이나 동반자적 관
계의 가족으로 옮겨왔다. 이 분야의 학자들은 이러한 가족의
변화가 언제부터 시작되었는지 설명하였고, 결혼 연령의 변화
와 가족의 규모, 상속의 형태 및 이혼이나 혼외 출생률 등에
대해서도 연구하기 시작했다. 특히 가족 사가들은 산업화와

인구이동 등이 가족에 어떤 영향을 끼쳤는지 또는 이러한 과정에서 가족은 어떠한 역할을 담당했는지에 대해 관심을 가지게 되었다.

오늘날 가족에 관한 연구에서 '교외에 거주하는 백인 중산층 핵가족'은 더 이상 일반적인 미국 가정을 대표하는 이미지가 아니다. 전후 1960년대 가정생활과 관련된 질문들은 대부분 가정생활의 변화와 관련된 것이었다. 비록 가정과 성의 역사는 초기부터 백인 중산층 가족에 그 초점이 맞춰졌지만, 역사적 변화 등에 관심을 가지게 되면서 점차적으로 그 범위가 매우 다양해졌다. 초기 미국에 대한 연구는 특히 다양한 미국 원주민의 문화로부터 뉴잉글랜드나 체사피크 지방 정착인, 노예제도 이후 등장한 아프리카계 미국인 가정 등이 그 관심의 대상이었다. 미국 식민지 시대의 가족사를 통틀어 볼 때 비록 유럽식 가족제도와 성적 전통이 우세했지만, 각 지방마다 독특한 특징이 존재했던 것도 결코 무시할 수 없는 사실이다.

미국 원주민의 가족사

미국 원주민(Native American)[6]의 경우 가족의 경제구조 측면에서는 가족관계보다 오히려 친척관계가 더 중요시되었다. 이 사회에는 사유재산이 존재하지 않았으며, 협동이나 상호성에 의한 동등한 사회구조적 모습을 나타내고 있었다. 노동에서 남성과 여성은 명백한 분업이 존재했으며, 여성들은 모계사회를 형성하여 경제적 또는 정치적 권한을 가지고 있었다. 결혼은 대부분 개인의 선택에 의해 행해졌고, 개인의 의지에 따라 이혼이 가능하였다. 특히 여성의 지위가 상당히 높았던 이뤄쿼이(Iroquois) 부족[7]의 경우에는 결혼 후 낳고자 하는 자녀의 수도 여성이 결정했고, 이혼에서도 여성의 결정권이 상당히 높았다. 그들의 이혼풍습을 보면 아내가 남편의 물건들을 밖으로 내던짐으로써 이혼이 성사되었으며, 남편의 부재시에도 종종 이혼이 성사되었다. 이혼의 경우, 유럽의 풍습과는 반대로 자녀양육권은 대부분 여성에게 있었다. 어른들은 혈연관계의 자녀들뿐만 아니라 부족의 모든 어린아이들을 공동으로 양육해야 하는 의무를 지니고 있었다.

원주민들의 '성'에 대한 생각은 종종 정신적인 의미를 지니고 있었고, 당시 유럽인들 사이에서 공유되었던 부정적인 죄의식의 의미는 없었다. 많은 부족에서는 일부다처 또는 혼전 성관계가 허용되었고, 어린이들의 성적인 유희 등이 자유롭게 행해졌다. 프에블로(pueblo) 부족[8] 여성들에게는 성이라는 것이 매우 상징적인 의미였는데, 남녀간에 성관계를 맺는 것과 남녀가 나체로 지내는 것은 매우 자연스러운 일이었다. 프에블로족 여성들은 성에 대해 매우 솔직한 태도를 지니고 있었고, 그들의 생활에서 가장 중요한 것은 가족의 식생활을 해결하고 성생활을 즐기는 것이었다.

이 부족의 여성들은 부부간의 성생활을 통해서 출산을 하고,

그들이 출산한 아이들이 성장해 노동력을 제공함으로써 존경받을 수 있었으며, 야생마와 같은 남편들을 길들일 수도 있었다. 이들은 자연현상의 변화나 지역의 이름도 '성'에 비유해서 해석하였는데, '클리토리스의 샘' '소녀의 젖꼭지' 또는 '남근삽입' 등의 용어들이 지역의 명칭으로 사용된 예를 쉽게 찾아볼 수 있다. 대부분의 원주민들은 결혼 후 간통이라는 것의 제재를 받지 않는 대신 부부는 쉽게 헤어질 수 있었고, 새롭게 관계를 형성하는 것이 매우 용이했다. 반면 동부의 부족들에게 강간은 절대로 용서되지 않는 중죄에 해당되었다.

미국의 가족사

대부분의 유럽 정착민들에게 이러한 원주민들의 성적 관습은 매우 충격적인 것이었고, 그들은 기독교적인 윤리의식에 기초한 가부장제도와 사유재산을 중심으로 하는 핵가족 제도를 고집하였다. 예를 들면, 뉴잉글랜드에서 가족은 사회를 위해 소우주를 제공해 주는 '작은 연방체제'를 의미했다. 가장으로서 남성은 집안에서 정치적 권위를 가지고 있는 반면 여성, 어린이 그리고 노예는 가장에게 복종해야만 했다. 그러나 이러한 수직적인 가족구조는 미망인과 같이 가장으로서 경제적인 주도권을 가지고 가부장적인 통제의 범위 밖에 존재하는 여성들에게는 적용되지 않았다. 따라서 남성들은 상징적·정치적으로 중요한 권력을 보유하고 있었으며, 앤 허친슨(Ann

Hutchinson)9)과 같이 종교적이거나 경제적인 권력을 지닌 여성들은 종종 정치적 위기를 불러올지도 모르는 위험한 인물로 간주되어 추방되거나 사형에 처해졌다.

식민지 시대 유럽 정착인 가족들은 모범적인 정치적 기능 이외에도 기본적으로 경제적인 역할을 수행하였다. 유럽에서와는 다르게 뉴잉글랜드에서 독신으로 남아 있는 사람들은 드물었으며, 그들은 매우 어린 나이에 결혼함으로써 더 많은 아이를 출산할 수 있었다. 식민지 시대 기혼여성은 평균적으로 8명 이상의 아이들을 출산하였고, 그 결과 17~18세기가 되면서 식민지의 인구는 두 배로 증가하였다. 이러한 다산적인 사회에서 적절한 성행위는 연애나 결혼을 통해서 이루어졌다.

성행위는 결혼한 사람들의 중요한 의무로서 이는 출산을 위해서도 필요했지만, 육체적 즐거움을 위한 것이기도 했다. 따라서 혼전 성관계가 종종 이루어졌고, 초기 뉴잉글랜드 지방에서 혼전의 성관계는 교회나 국가에 의해서 규제를 받았지만, 이러한 행위에 대해 회개하거나 성관계가 결혼으로 이어질 경우에는 용서되기도 했다. 그러나 재생산권(Reproductive rights)과 관련된 규범에 대해 도전하는 행위, 즉 강간, 동성애, 간통 또는 인종 간의 결혼 등을 행하는 여성이나 남성들은 대중들 앞에서 처벌받거나 회개해야만 했다. 뉴잉글랜드 지방에서는 남성과 여성 모두가 이웃이나 친척의 불법적인 성관계에 대해 법정에서 증언할 의무가 있었다.

체사피크 지방에서는 여성의 인구가 상대적으로 적었기 때문에 가족을 구성하는 것이 어려웠을 뿐만 아니라 높은 사망률 때문에 인구가 지속적으로 감소하였다. 때문에 계약 하인들과 노예들을 데려옴으로써 노동력의 부족현상을 해결해야 했다. 계약 하인들은 주로 영국에서 건너왔는데, 계약이 만료되기 전까지는 결혼할 수 없었다. 이와 같이 그들의 늦은 결혼은 가임 기간을 단축시키는 결과를 낳았다. 그러나 이들에게 성적 제약은 도덕성 때문이라기보다는 미혼여성이 하인의 신분으로 자녀를 부양해야 하는 경제적 부담을 덜어주기 위한 것이었다. 1670년 이후 흑인 노예들은 계약 하인들을 대체하기 시작했고, 노예들의 경우 남성의 수가 절대적으로 우세했기 때문에 가족을 구성하기란 쉬운 일이 아니었다.

남부 식민지에서는 인종 간의 결혼을 금지시켰으나 혼혈 어린이들의 출생은 여전히 계속되었다. 18세기 중엽까지 미국의 흑인 인구는 점차 증가하기 시작했다. 비록 법적인 결혼은 불가능했지만 성비가 어느 정도 같아지자 그룹을 형성하기가 용이해졌기 때문이다. 노예들은 높은 출산율을 보였고 안정적인 일부일처제 가정을 구성하였다. 그러나 대부분의 경우 노예 여성들은 어린아이들의 출생을 재산증식의 일부로 생각하고 있던 노예 주인들에 의해 성적 착취를 당해야만 했다.

18세기 말엽의 거대한 지형적 이동성과 상업도시들의 성장과 전쟁으로 인한 사회적 분열로 인해 초기 식민지 시대의 비교적 안정된 사회는 변화할 수밖에 없었다. 결과적으로 백인 자유 정착민들에게 새로운 성적 체계와 가족체계가 생겨나기 시작했다. 뉴잉글랜드나 체사피크 지방에서는 독신여성들의 출산율이 증가하였는데, 이를 계기로 성과 결혼의 전통적인 가족 규율이 깨지기 시작했다.

정치 분야에서 나타난 공화주의적 이상의 등장은 가부장적 권위를 점차 약화시키는 결과를 초래했다. 재산상속에서 부모의 영향력이 감소하게 되자 부모들은 더 이상 자녀의 결혼에 결정권을 행사하지 못했고, 결혼에서도 개인의 선택이 점차 중요하게 작용하기 시작했다. 또한 18세기 말엽 도덕성에 대한 국가나 교회의 통제력이 약화되면서 가족 내의 의사결정권 등이 점차 중시되었다. 결과적으로 개인의 삶에서 개인의 선택이 차차 중요한 역할을 담당하게 되었고, 개인의 삶에 대한 정부의 규제는 마치 경제정책에 취해진 자유방임의 태도와 마찬가지로 약화되었다.

그러나 오랫동안 마을의 도덕적 규범에 의해 보호되거나 위축되어 왔던 여성들은 새로운 성적 위험에 직면하게 되었다. 많은 여성들의 경우 혼전 성관계로 인한 임신이 더 이상 결혼으로 연결되지 못하였다. 여성이 수적으로 우세해지자 여성들의 결혼과 재혼은 점차 힘들어졌는데, 특히 오랜 정착지인 뉴잉글랜드 지방에서는 더욱 그러했다. 여성들은 결혼과 대체할 만한 것이 거의 없었으므로 실제로 경제적인 독자성을 갖는다는 것은 불가능한 일이었다. 결혼이나 정숙함의 미덕은 여성들에게 여전히 매우 중요한 문제였고, 따라서 혼전에 출산을 한다는 것은 과거보다도 더욱 심각한 문제가 되었다. 이렇게 여성들이 경제적 측면이나 성적인 측면에서 상처받기 쉬웠던 것은 개인의 도덕성에 높은 기대를 걸었던 공화주의의 이상과 부합되는 현상이었다. 그 결과 18세기 말엽에는 여성들에게 정숙함을 강조하는 새로운 경향이 나타났으며, 여성들에게 도덕성을 강조하는 젠더화된 성적인 체계가 발생하였다.

19세기 백인 중·상류층에 새로운 가정의 유형이 등장하게 되었고, 그것은 '동반자적 결혼' 또는 '구별된 영역들'이라는 이름으로 명명되었다. 가족의 규모는 출생률의 저하로 인해 점차적으로 축소되었고, 임금제도의 급격한 성장은 가족의 지배로부터 젊은 여성들을 북부지방으로 불러들여 개인의 삶을 향유하는 패턴으로 변화시켰다. 또한 신앙각성이나 미국혁명 등을 통해 새로운 이상이 떠올라 더 이상 가부장제를 최상의 모델로 받아들이지 않게 되었다.

처음에는 이러한 민주적인 이상이 백인 남성들에게만 적용되었으나 결국 흑인, 여성 그리고 어린아이들에게까지 개인의 권리에 대한 생각이 확대되었다. 특히 여성들에게는 '공화주의적 모성성'이 강조되었다. '공화주의적 모성성'이란 어머니는 가정의 규율을 지켜나갈 의무와 시민으로서 자녀의 도덕교육을 책임질 의무가 있다고 주장하면서, 그렇기 때문에 어린 소녀들에게 교육의 기회를 넓혀주는 것이 국가의 책임이라는 것이다. 이는 시민으로서 여성의 지위 그 자체에 가정성이라는 정치적 의미를 부여함으로써 정당화될 수 있었다. 또한 자녀양육을 애국심과 관련지음으로써 여성에게 조국의 미래에 대해 어느 정도 기여할 수 있는 능력이 있음을 시사해 주는 식민지 시대의 이상적인 여성상을 의미했다.

가족의 생산적인 경제 기능이 조금씩 시장으로 옮겨감에 따라 중류층 가정은 감정적인 생활과 관련해서 점차적으로 특별한 영역으로 변화했으며, 더욱더 개인적이 되어 갔다. 많은 역사적인 문학작품을 분석해 볼 때 이 당시 중류 가정은 '여성의 영역'에 해당되는 곳으로 아이들을 양육하고 빠르게 변화하는 공적인 세상으로부터 도피처를 제공해 주는 곳이라는 인식이 지배적이었다.

가족에 관한 최근의 연구들은 페미니스트 이론에 영향을 받은 것으로서 공적인 영역과 사적인 영역의 상호의존성을 강조하고 있다. 이러한 이론에 따르면 가정은 여전히 감정적인 버팀목 역할을 했지만, 실제적으로 가정 내의 여성들은 경제적으로도 큰 몫을 담당했다. 그 예로 노동자 계층과 이민자들의 가정을 들 수 있다. 도시 노동자 계층의 가정의 경우 여성들의 임금노동은 가사노동과 더불어 가정경제에서 큰 비중을 차지했다.

또한 이민자들의 경우 여성들의 가사노동은 물론 아이들도 종종 가정의 생계를 위해서 경제활동을 해야만 했으며, 친족 간의 네트워크는 직업을 찾기 위해 매우 중요한 요소였다. 임금노동이 일반화된 지역, 특히 북부의 뉴잉글랜드 지역에서는 남성들뿐만 아니라 여성들, 특히 미혼여성도 경제적 독립성을 갖게 되었다. 이러한 모든 계층의 가정에는 협동뿐만 아니라 갈등 또한 발생했다. 그 예로 가정폭력이 일어났을 경우 여성들과 어린이들은 폭력을 피해 가정을 떠나야만 했고, 그들을 보호하기 위한 공공기관이 새롭게 생겨나게 되었다. 아이들과 여성들은 이러한 공공기관에 거주하면서 여전히 노동시장에 참여해야 했다.

남북전쟁 이전의 남부 가정을 살펴보면 백인과 흑인들은 그들만의 독특한 가정 형태를 이루고 있었다. 백인 계층들에게 가정은 생산과 출생의 단위를 유지하는 곳이었으며, 비록 백인 여성들에게도 어느 정도 권위가 주어졌지만 그들 대부분은 남편에게 복종해야 했다. 때문에 그들 사이에는 기존의 가부장적 구조와 새롭게 등장한 동반자적 결혼 사이에서 어느 정도 갈등이 존재했다.

반면 노예들은 가족 구성원과 같이 사는 것이 매우 어려웠다. 노예들은 그들만의 독특한 '농장 외 결혼'이라는 풍습을 가지고 있었다. 이 풍습은 노예들에게 흔히 있어온 남녀간의 결합형태로서 남자 노예가 주인으로부터 허락받은 여자 노예를 정기적으로 방문하여 자식을 낳아 기르는 형태를 의미한다. 이러한 경우는 대부분 서로 구분되는 곳에서 거주지를 갖는 것이 특징이었다. 하지만 노예들의 경우에도 확대가족이나 친척들로 구성된 가족이 어린아이들의 양육을 위해서 존재하였다. 비록 자유 흑인 가족은 남성들이 주로 가장이었지만, 노예의 가정은 법적으로 아버지보다는 어머니를 중심으로 한 모계가족을 형성하였다. 노예 여성들의 출산은 백인 주인들의 경제적 부의 축적을 위해 기여한 반면 노예 거주지에서의 생산적인 노동은 그들의 가정을 보존하기 위해 필요한 것이었다.

재생산권과 정책에 대한 논쟁

일찍이 성의 역사에 대한 연구는 의사나 성직자들과 같은 엘리트에 의해 씌어진 글을 중심으로 한 이데올로기 연구로부터 시작되었다. 이러한 연구는 인간의 성해방에 초점을 맞추기보다는 성에 대한 억압을 주 내용으로 하는 빅토리아 시대의 성에 대한 관념이 그 대상이었다. 그러나 학자들은 점차적으로 성적 행위에 대한 사회사적 증거를 추적해 나가기 시작했다. 그 분야에 대한 연구 자료로는 개인의 일기장, 편지 또는 초기의 성에 대한 설문조사와 같은 것들이 사용되었고, 주로 19세기 중·상류층 부부들의 성에 대한 내용이 대부분이었다. 전반적으로 역사가들은 성이나 가족사에 대한 지나친 일반화는 피하면서 지역적인 차이, 문화적 유형들을 연구하기 시작했다.

그러나 최근 들어 성의 역사에 대한 연구는 프랑스 사상가 미셸 푸코 등의 영향을 받아 좀더 비판적인 분석을 시도하고 있다. 예를 들어 동성애와 같은 현상의 발생시기와 원인에 대해 의학적이거나 정치적인 측면에서의 분석이 이루어지게 된 것이다. 이전까지만 해도 철저하게 사적인 영역으로 간주되었던 성의 역사는 이제 사적인 경험이 어떻게 정치적 중요성을 지니는가에 대해서도 논의되기 시작하였다. 가족사나 성의 역사를 통해 오늘날 성과 관련된 여러 딜레마, 즉 낙태, 미혼모들의 양육권, 동성애자들의 결혼권이나 군복무와 관련된 인권 문제 등을 다루기 시작한 것이다. 이러한 역사적 서술은 산업화 과정을 겪어오는 동안 변화된 양상을 띠게 되었고, 최근의 연구에서는 가족과 성의 역사에서 인종이나 계층의 변수들, 또한 재생산권[10]과 관련된 논쟁의 양상, 마지막으로 동성애와 이성애를 둘러싼 정체성의 문제 등이 폭넓게 논의되고 있다.

의무에서 낭만으로

미국 역사를 돌아볼 때 성의 문제는 주로 혼인 및 출산과 직접적인 관련을 맺고 있다. 하지만 이러한 고정관념은 백인들의 출산율 저하로 인해 차차 변화되었다. 미국의 인구변화를 살펴보면 1800년대에는 7명 이상의 어린이가 출생했던 것이 1900년대에는 4명 이하로 감소함으로써 50% 이상의 출생률 감소를 나타내게 되었다. 흑인의 출생률은 백인에 비해 비교적 높은 편이었으나, 역시 세대가 변화함에 따라 감소하는 추세에 놓이게 되었다. 최근의 연구에 따르면 부부는 산아제한을 시도했고, 이를 위해서 피임법을 사용했으며 이러한 방법이 실패했을 경우에는 낙태를 행하였다고 설명하고 있다.

남성이나 여성 모두 성이라는 것을 더 이상 출산과 관계된 것으로 이해하기보다는 개인적인 친밀감의 표현으로 생각하는 인식의 전환이 이루어졌다. 백인 중산층의 경우 남성과 여성 모두 결혼 전에 성관계를 갖기를 원하였으며, 이러한 성적인 결합은 남편과 아내의 유대를 위해 매우 중요한 요인으로 인식되었다. 문학작품들은 빅토리아 시대 여성들의 성적인 욕구의 억제를 다루기보다는 중·상류층 부부들 사이의 열정적인 관계에 관심을 갖게 되었다. 하지만 성이라는 것은 여전히 에로틱한 부분이라기보다는 낭만적이고 정신적인 결합을 위한 수단으로 이해되었다.

비록 중·상류층의 연애나 결혼에서 여전히 성은 낭만적인 의미를 지니고 있었지만, 성 그 자체는 가정의 범주를 넘어서 공적인 영역으로 발전해 나갔다. 가정이 담당했던 생산 기능이 가정 밖으로 편입된 것과 같이 여성의 성이라는 것도 고용 시장에 나가는 것이 용이해졌다. 남성들의 경우 임금이나 지형적인 이동이 가능해지자 혼외정사가 용이해졌으며, 이에 따라 여성 매춘부들도 증가하게 되었다. 서부에서는 군대나 광산 근처에서 상업적인 매춘업이 성행했고, 중국인들은 미국 내 거주하고 있는 미혼남성 노동자들을 위해 중국 본토로부터 매춘여성들을 데려오기 시작했다.

이 당시 간통의 경우 이중적인 윤리규범에 의해 남성들의 혼외정사는 대부분 용인되었던 반면에 백인 여성들의 경우 가혹하게 처벌되었다. 몇몇 학자들은 중·상류층 백인 여성들에게 성적으로 정숙함을 강조하는 사회적 분위기 때문에 노동계층이나 이민 여성들이 희생되었다고 주장하고 있다. 이는 다시 말해서 중·상류층 백인 여성들의 성은 사회적으로 보호받아야 하는 것으로 인식된 반면에 이민 여성들이나 노동자 계층의 여성들의 성은 쉽게 상업화의 대상이 되었다는 것이다.

남북전쟁 이전부터 북동지역의 여성들은 개혁 단체들을 형성하여 남성들이 사창가나 노동자 계층의 여성들을 통해 성적인 매매를 행하는 것을 비난해 왔으며, 사창가로부터 매춘여성들을 구해내려는 노력을 기울여 왔다. 가정보호 차원에서 금주운동을 전개하던 여성들은 여성 노예들에 대한 성적 착취에 분노하여 반노예운동에도 참여하게 되었다고 주장하였다. 서부에 있는 백인 여성들의 조직들은 가정을 보호하고 중산층의 가치를 지키기 위해 미혼모, 미국 원주민 여성들 그리고 중국인 매춘여성들을 보호하는 것을 목표로 활동하였다.

20세기의 결혼관은 성적인 친밀함을 강조하는 동반자적인 중산층의 이념이 번창하였다. 하지만 미국의 가정은 이혼율의 증가와 출산율의 감소로 도전받게 되었고, 결혼의 가치는 '의

무'를 중시하는 빅토리아 시대의 가치로부터 '개인적인 만족
감'을 중시하는 근대적 사고로 전환되었다. 동시에 노동자 계
층이나 중류층 여성들 모두 사무직종의 증가와 여성 노동시장
의 확대로 인해 결혼보다는 교육이나 직업에 더 큰 관심을 쏟
게 되었다. 도시의 보헤미안들은 공개적으로 동성애를 선택하
기도 했다. 남부나 동부유럽에서 밀려든 거대한 이민의 물결
과 남부의 농촌지역에서 북부의 도시로 유입된 흑인들의 이동
은 백인 가정들의 출산율 감소로 인한 백인의 인구 감소를 불
러 올 것이라는 불안함을 유발하였다. 이러한 모든 변화들은
백인들로 하여금 가정 내 성생활에 충실하도록 노력하는 분위
기를 조성해갔다.

성적 자유주의와 피임 및 낙태

몇몇 역사가들은 19세기 말엽 피임이나 낙태와 관련된 '음
란성' 억압의 캠페인이 여성의 문제에서 의료진의 권력 문제로
그 핵심이 전환된 점을 강조하였다. 제임스 모어(James Mohr)는
낙태 문제와 모성성과 관련된 그의 저서에서 1860년 이후 낙
태가 불법화되어 가는 과정을 설명하였다. 피임과 낙태는 여
전히 시행되었으나 법적인 규제는 이를 점차 어렵게 만들어
갔으며, 가정형편상 의사를 찾아갈 수 없는 여성들은 많은 고
통을 받아야만 했다. 특히 백인들의 '인종자살'에 대한 두려움
은 낙태와 피임의 불법화에 관심을 갖게 하였다. 백인들의 '인

John Held, Jr.'s Sweet Girl Graduate combined the innocence of ruffled skirts with the sophistication of rouged cheeks, bobbed hair, and long cigarette holder.

말괄량이 소녀는 1920년대 미니스커트와 파이프 담배를 즐기면서 19세기의 엄격한 빅토리아식 도덕관에 저항한 여성을 의미한다.

종자살'에 대한 두려움이란 그들의 출산감소로 인해 인구가 점차 감소하고 결국 타 인종에 의해 잠식당할 것이라는 두려움을 의미하는 것으로 이들에 의하면 낙태와 피임의 불법화 문제는 성적인 문제가 아니라 매춘이나 성병 등에 대한 사회적 문제제기라는 점을 강조했다. 이것은 다시 말해서 여성들이 경제활동을 위해 가정을 떠나거나 아니면 이민자나 노동자들이 미국기관이나 미국인의 가치를 재형성하는 것에 대한 깊은 우려를 표명하는 것이었다.

20세기에 들어서자 가정은 더 이상 경제와 사회적인 기능을 위한 기본 단위가 아니었고, 국가는 점점 개인의 성을 규제하려고 하는 정치적 분위기를 조성해 나갔다. 혁신주의 시대에는 주 정부기관들이 가정의 안정성 문제에 관심을 가지게 되면서 이혼법이 매우 엄격해졌다. 가정은 여전히 개인의 사회화를 담당하였고, 정부기관들은 가정이나 도덕 질서를 위해 규정을 만들어갔다. 이러한 노력에도 불구하고 근대적인 미국의 경제와 사회생활은 가정으로부터 성을 구별해 나가는 것을 강화시켰다.

1920년대에 들어 미국의 백인들은 새로운 성적 가치규범을 가지게 되는데, 역사가 에스텔레 프리드만(Estelle Freedman)은 이를 일컬어 '성의 혁명'이라는 용어 대신 '성적 자유주의'라고 표현했다. 다시 말해서 이는 성적인 활동을 가족의 출산을 목표로 하는 것에서 분리시켜 이성애의 즐거움 그 자체로서 가치를 인정받는 것을 의미하였다. 또한 성적 만족은 개인의 행복과 성공적인 결혼을 위한 중요한 요인이며 젊은이들에게 성인이 되기 위한 하나의 준비과정으로 간주되었다. 따라서 이것은 성적인 표현과 결혼과의 관계가 점차로 약화되었음을 시사해 주고 있다. 가정은 더 이상 성적 자유주의를 위한 기초적인 경제 단위가 되지 않았고, 오히려 개인이 중심이 되었다. 여성의 임금 노동시장 참여 증가와 대중문화의 참여는 이러한 변화를 가속화시켰다.

이러한 새로운 가치와 역할에 부응하여 가족계획을 위한 재생산의 전략이 강화되었다. 혁신주의 시대에 마거릿 생어(Margaret Sanger, 1879~1966)와 같은 급진주의자는 노동자 계층을 위한 피임을 주장하였다. 평범한 간호사로서 행복한 가정을 이루고 살고 있던 어느 날 생어는 스스로 낙태를 하려다가 감염되어 고통 속에서 죽어가던 소녀를 발견하였고, 그 사건으로 직업에 대한 회의를 느끼게 된 그녀는 간호사직을 그만두었다. 그녀는 뉴욕의 그리니치 빌리지를 중심으로 활동하던 많은 사회주의자들과 교류하였으며 여성들을 위한 모임을 조직하였다. 여성들을 위해 산아제한 상담소를 설립하여 피임에 대한 홍보를 하다 여러 번 구속되었으며, 한때는 영국으로 망명을 떠나기도 했다. 이러한 어려움에도 굴하지 않고 그녀는 "여성의 몸에 대한 통제권은 여성 스스로가 가져야 한다"고 주장하면서 산아제한 운동을 끊임없이 지속하였다. 결국 1940년대에 들어 피임은 미국 내 대부분의 주에서 합법화되었다.

20세기 중반까지 대부분의 가정은 두 자녀를 목표로 했으며 백인이나 흑인 중산층 가정, 심지어 가톨릭 계통의 집안도 가족계획을 위하여 피임약을 사용하였다. 흑인이나 백인 기혼 여성들은 점차적으로 임금 노동자가 되었고, 출산의 통제는 가정을 위해 매우 중요한 일이 되었다. 1970년대 피임의 대중화와 구경피임약 사용의 확대는 이러한 새로운 움직임을 말해 준다. 1980년대까지 성과 출산의 구별은 더욱 심화되었는데, 이는 새로운 재생산의 기술의 도입, 즉 인공수정이나 시험관 아이의 출산 등으로 가정 외 출산을 가능하게 만들었을 뿐만 아니라 이성관계에 의한 출산도 감소시켰다. 또한 남녀 사이의 성적 즐거움이 더욱 중요한 가치가 되었다. 1900년 이후 성의 상업화와 더불어 성 산업, 매춘업뿐만 아니라 술집, 클럽, 영화, 댄스홀 등의 유흥업이 더욱 번창하였다. 동시에 성의학자, 의사, 심리학자, 정신과 의사들은 개인의 성이라는 측면에서 개인차를 측정하는 것을 고안하였다.

여성의 재생산권에 대한 담론들

비록 역사가들은 최근에 들어서야 가족이나 성의 역사에 대해서 서술하기 시작했지만, 20세기 중엽까지 몇몇 연구들은 결혼 외 성에 대한 법적·정치적·문화적 정책을 강조하는 새로운 성의 영역에 관해서 중요한 의문을 제기하였다. 학자들은 어떻게 동성애라는 것이 제2차세계대전 후 정치적 공격 대상이 되었는가를 연구하였다. 그 밖에도 1950년대의 가족에 대한 연구들은 베이비붐 세대(baby boomer)의 문제를 가족사의 큰 흐름에서 벗어난 현상으로 해석하였다. 전후 짧은 기간 동안에 결혼연령은 어려지고 미혼으로 남은 인구는 감소하였으며 출생률은 증가하였다. 한 역사가는 어떤 특정한 역사적 상황 특히 공황이나 전쟁 그리고 정치적으로 불안정했던 냉전에 대한 두려움이 중류 가정에 '가정적 안정감'의 요구를 증폭시켰다고 설명하고 있다. 1960년대 이혼율의 증가와 출생률의 저하를 동반한 성적 급진주의의 폭발은 1950년대 가족의 임시적인 변화를 극복하였다. 가족 규모는 축소되었고 이에 따라 성과 재생산권의 문제는 구별되어 있는 것이라는 인식이 나타났으며, 또한 이는 성 문제에서 개인의 선택이 중시되는 경향을 불러왔다.

인종과 계층의 문제는 재생산권과 관련된 역사적 서술에서 매우 중요한 부분을 차지하고 있다. 대부분의 역사서는 대가족에서 핵가족으로의 변화에 대한 통계적인 변화의 사회적 함축의 의미를 탐구하였다. 역사가들은 왜, 어떻게 개인적인 가정이 그들의 출산율을 줄이게 되었는가에 관심을 갖는 것 이외에도 정부의 정책이 어떻게 형성되었는가와 이러한 결정이 내려지게 된 배경에 대해 관심을 갖기 시작했다. 대부분의 역사가들은 출산율 감소에 대한 경제적 또는 이념적인 원인을 인정하게 되었다.

근대 사회에 돌입하면서부터 어린이들은 노동력을 제공한다는 의미보다는 양육하고 교육하는 데 큰 비용이 들어가는 존재가 되었다. 동시에 개인주의와 같은 이념은 각자의 자녀들의 양육과 교육에 더 큰 비중을 두게 되었다. 몇몇 역사가들은 19세기의 기혼여성들이 출산율 통제를 위해서 남편과의 성관계를 거부한 점에 대해 재평가했다. 이러한 가족 수의 감소는 아내들뿐만 아니라 남편들에게도 많은 이점을 가져다주었다. 금욕생활만이 피임의 유일한 방법은 아니었으며, 여러 다양한 피임기구들은 출산율 감소를 도와주는 요인이 되었다. 또한 가족의 수를 제한하기 위해 낙태를 선택하는 중산층 기혼여성들의 비율이 점차적으로 증가했다.

흑인 여성들의 출산율은 백인 여성들에 비해서 높게 나타났다. 백인 주인들은 여전히 노예들에게 출산을 강요했고, 해방된 많은 노예들이 여전히 농촌에 남아 있었기 때문에 나타난 현상이다. 그러나 때로는 노예 여성들이 출산을 강요받는 것에 대한 저항의 의미로 유산을 시도하기도 했다. 20세기에 들어 북부의 도시로 이주한 중산층의 흑인들 또한 가족 수를 제한하기 위하여 피임에 관한 정보를 찾았다. 이민자들도 이민 초기에는 높은 출산율을 보였으나 점차적으로 출산율이 감소하기 시작했다.

미국 문화에서 재생산의 문제는 사적인 문제이자 공적인 문제이기도 했다. 미국 내 백인 가족의 규모가 적어지면서 백인들 사이에서는 점차로 인종자살의 두려움이 증가되었다. 흑인과 이민자들의 출산율에 비해 백인의 출산율은 점차적으로 감소했고, 이러한 현상은 다윈의 적자생존의 원리에 근거해서 백인 층이 인구 면에서 흑인과 이민자들을 이길 수 없다는 두려움을 낳게 한 것이다. 인종자살의 두려움은 오랜 시일 동안 낙태를 불법화시켰다. 우편에 의한 음란물 배포 및 피임기구 유통을 금지시킨 1873년 콤스턱(Comstock) 법안 이후 피임 또한 불법화되었다. 린다 고든은 1920년 이후 산아제한이 어떻게 급진적인 운동으로 시작되었는가를 분석했는데, 그녀는 1930년대 경제공황의 빈곤함과 지속적인 지도력이 20세기 중반에 시행된 피임의 합법화에 도움을 주었다고 말하고 있다.

또한 백인종의 우월성에 대한 사회적 인식은 사회의 일정한 그룹 사이의 재생산을 제한하는 공공정책을 가중시켰다. 최근의 연구에 따르면 주 정부의 개혁가들은 노동계층이나 이민자 계층의 비행소녀들을 감금시킴으로써 그들이 임신하게 되는 것을 방지하였다. 법정이나 개혁자들은 성적으로 활동적인 젊은 여성들을 때때로 '정신박약'으로 간주하여 그들을 특별한 기관에 보내 불임시술을 받도록 하기도 했다. 주 정부 차원에서 행해지던 미국 원주민이나 흑인 여성들에 대한 불임시술은 20세기까지 지속되었는데, 이는 때때로 그녀들뿐만 아니라 가족들도 모르는 상태에서 행해지곤 했다. 실제로 멕시코계 미국 여성들은 출산 이후 공립병원에서 시행하는 불임시술을 받아야만 했다. 간단히 말해서 불임은 빈곤층 여성들을 방지하였으며 반면에 중산층의 백인 여성들의 피임과 낙태의 불법화는 그들로 하여금 출산을 장려하도록 하였다.

최근의 연구들은 인종과 계층의 수직 관계와 재생산권과

관련된 정책을 분석하고 있다. 제2차세계대전 이전에 혼전 임신을 한 여성들은 사회적으로 바람직하지 못한 여성으로 간주된 반면, 제2차세계대전 이후 연구를 보면 여전히 흑인 미혼 여성들의 임신에 대해서는 부정적인 설명을 하고 있으나 백인 여성들에 대해서는 여러 가지 측면에서 혼전의 임신을 합리화하고 있다. 백인 여성들의 경우 그들의 아이들은 이제 입양이 가능하게 되었으며, 아버지 없는 아이를 낳았다고 하는 오명 없이 새 인생을 시작할 수 있었다. 이러한 정책들은 물질적이거나 상징적인 목적을 가지고 시행되었다. 오랫동안 임신에 실패한 불임의 백인 부부들은 이러한 백인 어린이들을 입양함으로써 혜택 받을 수 있게 되었다.

동성애와 이성애의 정체성 문제

오늘날 여성사 연구에서는 젠더(gender) 개념의 도입과 더불어 다양한 연구가 진행되고 있는데, 동성애에 대한 연구가 그 대표적 예다. 몇몇 학자들에 따르면 1940년대와 1950년대는 남성 동성애자와 여성 동성애자의 정체성과 운동이 발전하는 시련기였다. 또한 성의 역사 측면에서 동성애자들의 사회와 문화는 어떠한 특징을 가지고 있고, 주류 문화와는 어떠한 관계를 유지하고 있는가에 대한 연구도 매우 중요한 부분이다. 1996년에 출판된 에드워드 알우드(Edward Alwood)와 엘렌 르윈(Ellen Lewin)의 저서는 동성애 문제와 관련해 20세기에 동성애가 어떻게 사회적으로 형성되어 왔는가를 설명하고 있다.

우선 에드워드는 시기적으로 제2차세계대전부터 1980년대까지 레즈비언과 게이들의 생활이 미국에서 미디어를 통해 어떠한 이미지로 그려져 왔으며, 이러한 것들이 그들에게 어떠한 영향을 끼쳐 왔는가를 분석하였다. 또한 1960년대 게이들의 폭동으로 그려졌던 스톤월 항쟁(Stonewall riots)[11]과 에이즈(Aids) 문제들이 이들 동성애자들의 이미지에 끼친 영향에 대해 설명하면서 방송매체들에 의해 조성된 부정적인 측면을 잘 분석해 놓고 있다.

엘렌의 경우는, 특히 레즈비언들의 활약상을 통해서 그들이 과거로부터 함께 공유해 왔던 경험이 오늘날 어떠한 힘을 발휘하는가에 대해 논의하고 있다. 일반적인 서술이 아닌 여러 사례를 들어 지역적·인종적인 분석방법을 시도하였다. 물론 동성애 문제는 여전히 논쟁의 대상이 되고 있지만, 이 분야에 관심을 갖고 있는 여성 사학자들은 동성애를 역사 속에서 나타나는 성의 선호도와 개개인이 경험하는 특수한 사례들을 토대로 하여 문제를 풀어 나가고 있다.

20세기 중반까지 동성애에 관한 연구는 소수의 학자들에 의해 주도되었으며, 주로 그 정체성에 관한 서술에 그쳤다. 그러나 최근에는 그 폭이 매우 다양해지면서 이성애를 포함한 성의 역사적 형성 과정을 통해 분석해 나가고 있다. 이러한 연구들의 특징은 성이라는 것이 경제 또는 가정생활의 변화와 밀접한 관계가 있고, 성의 역사를 살펴봄으로써 권력이 성을 통제해 온 방식을 알 수 있다는 점이다. 성에 대한 생물학적 접근이나 심리학적 원론주의에 반한 사회구조적인 접근은 성적인 개념이라는 것이 역사적 산물로서 지적 또는 사회·역사적 연구의 흥미로운 주제임을 보여 주었다.

동성애에 관한 인식 변화

1940~1950년대는 동성애의 정체성 회복 문제에 중요한 전환점이 되었다. 제2차세계대전을 통해 나타난 사회적인 변화 및 1950년대의 보수적인 경향이 동성애자들의 이러한 정체성 회복운동의 기초를 제공해 주었다. 제2차세계대전 중 미 정부는 군인들의 충원이 급선무였고, 이러한 상황에서 동성애자들의 군 입대는 인원 동원에 중요한 역할을 했다. 이에 따라 군 인력 유지를 위해 군대 내에서의 동성애 집단에 대한 관용적인 태도는 불가피했던 것이다.

특히 여성 동성애자들의 경우 군대가 그들의 정체성을 형성해 나가는 데 매우 중요한 장을 제공해 주었다. 전쟁 전에는 동성애 집단이 대도시의 선술집 중심으로 하위문화를 형성해 나간 데 반해, 전후에는 전국 여러 도시로 확산되었고 동성애에 대한 정체성이 더욱 분명해지게 되었다. 전쟁 중 동성애에 대한 비교적 관용적인 태도는 전후 매카시즘[12]을 겪으면서 동성애자들의 정치적 고난으로 바뀌기 시작했다. 그러나 동성애 문화는 이러한 어려움 속에서도 지속되었고, 미성숙한 상태이기는 했지만 동성애자들의 정치운동은 그 모습을 형성해갔다.

역사서들은 현대 미국 사회에서 개인의 정체성과 사회생활의 형태로서 성의 중요성을 점차적으로 비중 있게 설명하기 시작했다. 또한 역사가들은 성 정체성의 역사적 근거를 발굴함에 있어 단순히 의학적 문제점으로만 인식했던 과거의 태도에서 벗어나 임금노동이나 도시의 발전 등을 포함한 커다란 사회적 과정을 분석함으로써 문제를 풀어나갔다. 역사가들은 계층에 따라 다르게 나타난 여성 동성애의 두 가지 독특한 형태에 관해 서술하였는데, 이는 여성 동성애자들의 정체성에 대한 역사적 시각을 제공해 주었다. 19세기 말엽에는 교육을 받은 전문직종에 종사하는 여성들이 '보스턴 결혼'이라고 알려진 평생의 동반자적 관계를 형성하였다. 어떤 학자들은 이러한 애정관계가 육체적인 성적 표현까지를 포함하는가에 대해 의문을 제기했다. 반면에 다른 학자들은 비록 그 당시에는 '레즈비언'이라는 용어를 사용하지는 않았지만, 성적인 관계가 배제된 이러한 여성들 간의 친근한 관계도 동성애로 규정지어야 한다고 설명하였다.

　19세기 후반 성학(Sexology)의 등장과 더불어 여성들 간의 우정은 성적인 관계의 여부를 떠나 의학적 탐구의 대상이 되었다. 이러한 탐구는 여성들 간의 동성애적인 관계를 병적인 조건으로 간주하여 이전까지는 자연스럽게 여기던 여성들 간의 친밀감을 숨기거나 거부하도록 하는 상황에 몰아넣으면서 이를 레즈비어니즘(Lesbianism)이라고 명명하였다. 이것은 20세기 초반 성도착의 의학적 모델이 대중화되면서 여성들의 동성관계에도 영향을 끼치게 되었다. 많은 학자들은 1920년대와

1930년대 엘리노어 루스벨트를 둘러싼 개혁 그룹의 여성들 사이에서 레즈비언들의 네트워크에 대해 연구했다. 이러한 네트워크 내에서 각각의 파트너들은 공적인 생활과 사생활은 철저하게 구별 지었으며, 공개적으로 레즈비언이라는 사실을 공표하지 않았다.

정체성에 대한 그들의 두 번째 패턴은 노동자 계층의 여성들이었다. 19세기에서 20세기 초반에 이르기까지 일부 여성들은 남성들이 받는 임금을 받기 위해 남장을 하고 취업을 했다. 그들은 남성으로서의 정체성을 택하였을 뿐만 아니라 다른 여성과 결혼하기도 했다. 이렇게 결혼을 택한 노동자 계층의 여성들은 마치 결혼을 한 커플들과 같은 생활을 했다. 교도소나 도시 선술집을 중심으로 형성된 노동자 계층의 하위문화에서 이런 패턴으로 젠더화된 성의 체계를 찾아볼 수 있다.

여성 동성애 관계에서 남성 역할을 하는 버치(butch)들은 종종 진정한 레즈비언으로 간주되는 데 반해서 그들의 여성 파트너 팜므(femme)는 레즈비언으로 간주되지 않았다. 동성애자들의 인권운동이 등장하기 전에는 여성들이 '남성다움'으로 비난받는다는 것은 레즈비언으로 오명을 씌우는 것과 같았다. 그들이 레즈비언으로 오인을 받게 되면 명예와 생계가 위험에 빠지게 되는 것을 의미했다.

남성 동성애자들의 성적 체계는 몇몇 학자들에 의해 도시의 노동자 계층을 중심으로 연구되었다. 동성애나 이성애의 개념이 대중화되기 이전인 19세기 말엽이나 20세기 초엽에는 그들의 결혼 여부를 떠나서 '여성적인 남성'과 성적인 관계를 갖는 경우 여성 역할을 하는 남성만을 '남성 동성애자(queer)'로 간주하였다. 최소한 1930년대까지 만성 동성애자들의 대중적인 하위문화는 도시의 술집 등을 중심으로 유행하였다. 성 학자들은 동성애자들의 성 체계에 관한 초기의 연구에서 그들의 성적 대상의 선택 문제보다는 동성 간의 성에 있어 그들이 맡고 있던 성의 역할, 즉 젠더를 강조했다. 그래서 근육질의 남성들과 여성스러운 여성들은 그들이 성적으로 어떠한 추구를 하던 간에 정상인으로 간주하였다.

젠더도착(gender inversion)으로부터 동성애의 욕망 또는 동성애로 변화를 이해하기 위해서는 문화적 변화에 대한 좀더 폭넓은 시각이 요구되었다. 한 학자는 중류층 가정에서 남성들의 젠더 정체성의 위기는 공적 영역에서 여성들의 참여가 증가함과 동시에 남성들의 경제적 기회가 축소된 결과라고 가정했다. 남성스러움을 지나치게 강조하는 경향은 연약한 남성들에 대한 관용을 약화시켰고, 이러한 현상은 남성 동성애자들의 문화를 위축시켜 그들로 하여금 공개적으로 성 정체성을 밝히기를 꺼려하도록 유도하였다.

어떤 학자는 중산층의 남성성을 그 원인으로 지적했다. 20세기의 남성들은 그들 스스로를 여성성의 반대 개념으로 규정하였다. 이는 다시 말해서 백인 중산층 남성들이 여성스러운 남성들에 대한 새로운 두려움의 표현으로 그들의 성격을 묘사함에 있어서 '남성미(masculinity)'라는 용어를 만들어 냈다는

레즈비언
페미니스트들의
시위장면.

것이다. 또 다른 학자는 이성애와 동성애의 정체성은 20세기 의학담론에서 처음으로 사용하기 시작했다고 설명하고 있다. 성 정체성이라는 것은 자아의식의 새로운 형식으로 19세기에 있어서 진정한 사랑이 육체적인 것과 감정적인 것이라고 하는 개념으로부터 나왔을 뿐만 아니라 리비도(libido), 즉 성적 충동에 대한 새로운 프로이트의 개념으로부터 나왔다고 말한다. 간단히 말해서 성이라는 것 그 자체가 점차적으로 개인의 정체성의 한 유형이 되었다는 설명이다.

미국인들은 의식적으로 자신의 성적 정체성을 가지게 되었고, 다양한 의학적·대중적 또는 정치적 담론들이 이성애의 기준을 만들게 됨에 따라 동성애를 병리학적 일탈로 규정짓게 되었다. 이렇게 동성애에 대한 불관용의 시대는 20세기 후반까지 지속되었다. 1960년 이래로 페미니스트와 동성애 인권운동가들은 목소리를 내어 이러한 '이성애-규범(hetero-normativity)'의 제도화에 도전장을 내밀기 시작했다. 동성애자들의 단체에 대한 오늘날의 정책 논쟁은 모두 이렇게 동성애를 정상적인 것으로 만들려는 노력의 결과라고 볼 수 있다.

레즈비언이나 게이 역사에 관한 오늘날의 주제들은 모두 성적 또는 가족에 관한 연구를 위한 광범위한 질문들에 집중되어 있다. 예를 들어, 동성애 커플의 결혼을 법적으로 인정해야 한다는 사람들은 가족에 대한 재정의를 요구하고 있다. 오늘날에는 이성애자들의 자녀 출산뿐만 아니라 동성애들 사이의 자녀 입양이나 친척들이 모여 사는 형태의 가족도 인정해야 한다는 입장이 나오고 있다. 그래서 이전에는 성의 일탈 형태로 간주되던 것이 지금은 점차적으로 전통적인 가족의 유형으로 간주되고 있다. 앞으로의 연구는 이성이나 동성을 떠나서 미국 사회에 널리 존재하고 있는 생물학적인 연계 관계가 없는 가족들의 연합이나 친척 사이의 다양한 형태의 구성원까지도 다양한 그룹의 가족으로 보아야 한다는 입장이 우세할 것으로 예상된다.

결론적으로 보면 그동안의 가족이나 성에 대한 역사연구는 전통적인 형태로부터 근대적인 가족 형태를 중심으로 한 단순한 접근을 시도해 왔다고 볼 수 있다. 그러나 오늘날의 학자들은 다양한 형태의 가족에 주목하고 있다. 이는 역사적으로 볼 때 인종, 계층 그리고 가족 규범은 정치적이나 사회적 체제를 강화시키는 데 중요한 요소가 되었다는 것을 알 수 있다. 이는 다시 말해서 가족이나 성의 역사에 대한 논쟁은 단지 개인적인 문제에 그치는 것이 아닌 정치·사회적인 정책 논의의 핵심을 이루어 오고 있다고 볼 수 있다. 가족이 정치적 그리고 사회적 질서의 이상을 대표하던 식민지 시대를 시작으로 해서 '성의 정치(sexual politics)'나 '가족적 가치(family values)'가 보수적 또는 자유주의적 의제가 되었던 20세기 후반에 이르기까지 미국인들의 가장 사적인 삶의 성격이 어떻게 사회를 구성해야 하는지에 관한 담론의 핵심이 되어 왔다.

역사에 대한 새로운 접근방식

미국 여성사 연구는 1960년대 여성운동의 직·간접적인 영향으로 활기를 띠게 되었다. 여성 사학자들은 여성들의 활동에 대해 서술했을 뿐만 아니라 다양한 계층의 여성들이 겪었던 정치, 경제 및 교육적 경험에 대해서도 관심을 갖게 되었다. 이러한 배경으로 인해 대학에서도 여성학과 여성사 과목이 정식으로 채택되었고, 전문적인 교육을 받은 여성 사학자들은 좀더 정확한 여성사 서술을 위해 남성 중심의 역사서술에 대해 끊임없이 의문을 제기하였다. 특히 미국 내 여성의 역사를 연구하는 학자들은 그들의 연구 성과를 발표할 수 있는 기회를 갖게 되면서 소위 여성에 관한 지식의 영역을 확대해 나갔다. 그 결과 미국 여성에 관한 역사연구는 주제, 방법 또는 해석에서 다양한 접근이 이루어졌다.

신문화사(new cultural history)의 영향을 받은 1970년대 후반의 여성사 연구는 방법론, 주제, 대상 그리고 깊이 등의 여러 측면에서 기존의 여성사 연구와는 큰 차이를 보였다. 특히 여성사 사료 접근에서 새로운 방식이 모색되었으며, 편지, 일기 그리고 자서전 등을 통해 역사 속에서 드러나 여성들의 경험의 특수성에 대해 연구하기 시작했다. 1980년대 후반에는 '젠더'라는 개념이 여성사 분석에 새로운 구조로 등장하게 된다.

젠더라는 것은 사회적이나 문화적인 차이에 의해 형성된 남성과 여성의 차이를 의미하는 것이다. 이것은 남녀 사이에서 나타나는 생물학적 차이뿐만 아니라 역사 속의 권력 관계를 포괄하는 개념으로 여성사 연구에 새로운 기본 틀을 제공해 주었다. 역사적으로 여성과 남성이 매우 상이한 경험을 통해 발전해 왔다는 주장은 경제, 법률, 또한 정치적 영역에서 다양한 경험의 차이를 분석하였다. 1980년대 중반 이후 여성 사학자들 사이에서 여성사를 포함한 기존의 역사연구가 정치, 경제, 사회적 관계를 통해서만 연구되었다는 비판의 목소리가 커지면서 문화, 언어 그리고 심리적 분석 등을 통해 인간들의 성관계를 분석하려는 시도가 생겨났다. 물론 위에서 살펴본 바와 같이 이러한 방법론을 통한 연구는 그동안 은폐되어 왔던 성차별의 역사를 밝힌다는 점과 여성들의 다양한 경험을 살필 수 있다는 점에서는 여성사에 기여한 점이 크다고 할 수 있으나, 아직까지 이러한 다양한 경험을 분석함에 있어 통일성이 결여되고 있다는 것이 한계점으로 지적되고 있다.

위에서 살펴본 바와 같이 여성사 연구의 등장 배경은 역사학자들의 직접적인 연구 동기보다도 1960년대 민권운동의 영향을 받아 성장했던 여성운동의 실천 속에서 태동했다고 볼 수 있다. 따라서 여성사 연구는 학문적 성격과 운동의 실천 사이에서 균형을 찾아가는 것이 제일 큰 과제였다. 이러한 문제에 대한 해결책으로 1980년 이후부터 역사와 정치를 구별하고자 하는 움직임이 시도되었다. 조안 스코트는 이러한 성과가 바로 젠더 개념의 도입이라고 설명하였다.

1960년대의 여성사 연구는 정치와 밀접하게 연결되어 여성운동의 이데올로기를 제공해 주었고, 이것은 1980년대 후반 중립적인 개념이라고 할 수 있는 젠더 개념의 도입과 더불어 정치적인 성향으로부터 완전한 결별을 선언하게 되었다. 여성사는 더 이상 서술에 그치는 역사가 아니라 좀더 복합적인 방식을 취하게 되었다. 1960년대 여성해방 운동과 더불어 학계에 등장하게 된 여성사는 이제 더 이상 이론 제공을 위한 역할에 얽매이지 않게 된 것이다.

여성사와 관련하여 가족이나 성에 대한 연구들은 사회구조적 이론의 적용에 의해서 좀더 광범위한 역사적 분석에 기여할 수 있다. 생물학적으로 고정되어 있지 않은 가족과 성에 대한 이해는 인종, 계층, 젠더 또는 민족과 같은 미국 문화에 중요한 개념과 결부시켜 이해함으로써 좀더 폭넓은 연구의 가능성을 개방해 놓고 있다. 특히 가족이나 성의 역사와 관련된 새로운 분야를 역사가들의 전통적인 정치적 고려와 연결시킴으로써 학자들은 사적인 주제들이 권력과 어떻게 연결되어 있는지를 이해할 수 있게 되었다.

여성 사학자들이 당면한 과제는 그동안의 여성사 연구를 통해서 여성들을 하나의 독립된 정체성으로 범주화시킨 점을 토대로 이제는 여성들의 역사를 일반 역사 속에 편입시키는 것이다. 이러한 편입은 여성들의 역사를 찾아줄 뿐만 아니라 온전한 역사를 파악할 수 있도록 해주는 것이다. 여성의 역사가 여성의 과거를 얘기하고, 일반적인 시대 구분에 대해 이의를 제기하고, 여성들의 사적인 생활을 정치화시키고 있지만 이것만으로는 완전한 여성사 서술을 이룩할 수 없다. 역사의 분야는 보편성을 가지고 있지 않고, 어떠한 분야도 그 분야가 독자적으로는 온전한 역사서술을 할 수 없음은 자명한 일이다.

여성사의 발전과정을 통해 역사연구에서 변화의 흐름을 파악하는 것은 매우 중요한 요소로서 여성의 역사적 경험을 파헤쳐 그 역사적 공헌을 미국 역사의 전체적 흐름 속에서 정당하게 자리매김하는 데 중요한 역할을 하게 될 것이다. 또한 이러한 측면에서 여성사 연구의 흐름을 파악하는 것은 여성의 사회적 역량의 확대와 새로운 공적 영역의 창출과 참여를 역사적 관점에서 어떻게 바라보아야 하는가를 파악하는 데에도 중요하다고 할 수 있다.

반세기도 훨씬 전에 여성 사학자 매리 비어드는 여성들도 항상 삶의 중심에서 생각해 왔고 활동해 왔음을 주장했다. 이렇게 여성사에 대한 관심은 이미 오래전에 시작되었고, 1960년 이후로 활발한 연구 성과를 냈음에도 불구하고 아직까지도 전체 역사학에서 진정한 영향력을 발휘하지 못한 채 주변부에 머물러 있음이 심각한 문제로 제기되고 있다. 현 시점에서 여성사 연구의 가장 큰 문제는 전문화된 기존의 역사학계에서 무리 없이 자리매김을 해나가는 일이다. 역사란 궁극적으로 인간에 대한 이해를 그 목표로 한다고 볼 수 있다. 여성사 또한 남의 역사가 아니라 나 자신의 역사, 더 나아가 우리의 역사이다. 따라서 여성사 연구야말로 그동안 한쪽 면만을 고집해 왔던 인류의 역사를 온전히 볼 수 있도록 이끌어주는 새로운 역사 접근임을 깨달아야 할 때이다.

주

1) Gerda Lerner, *The Woman in American History* (Reading, MA: Addison-Wesley, 1979).

2) Betty Friedan, *The Feminine Mystique* (New York: Dell, 1963).

3) 사회운동가, 역사학자 하워드 진(Howard Zinn)은 1922년 뉴욕의 빈민가에서 태어나 조선소 노동자로 떠돌다 제2차세계대전 때 폭격기를 타면서 전쟁의 참화를 몸소 체험하게 되었다. 전쟁이 끝난 후 컬럼비아 대학에서 역사학 박사학위를 받고 스펠먼 대학에서 처음 교수직을 얻었다. 현재 보스턴 대학 명예교수로 있으며 미국 내 반전을 주장하는 '실천적 지식인'의 표상이다.

4) Carl Degler, "What the Women's Movement Has Done to American History", Soundings 64 (Winter, 1981).

5) Griswold, Robert, *Family and Divorce in California, 1850~1890: Victorian Illusions and Everyday Realities* (Albany: State University of New York Press, 1982).

6) 우리가 흔히 사용하고 있는 '인디언'이라는 용어는 콜럼버스가 신대륙에 도착해서 그곳에 거주하고 있던 토착민을 부른 것에서 유래되었는데, 1960년 인권운동과 더불어 소수계층 중 하나인 인디언들의 경우도 그들의 정체성 회복을 위해서 '아메리카 원주민(Native American)'이라는 용어를 사용하고 있다. Arrell Morgan Gibson, *The American Indian: Prehistory to the Present*(Oklahoma: The University of Oklahoma, 1980).

7) 이뤄쿼이 연맹(Iroquois League)은 미 대륙 동부에 분포되어 있고, 같은 언어를 사용하며 군사적으로 가장 강력한 연맹을 형성하고 있던 다섯 개의 부족연합을 의미한다. 여기에 해당하는 부족으로는 카유가(Cayuga), 모호크(Mohawk), 오나이다(Oneida), 오논다가(Onondaga) 그리고 세네카(Seneca) 족이 있다.

8) '프에블로(pueblo)'는 스페인어로 '마을'을 의미한다. 이 부족의 경우 거주지가 여러 채의 흙집으로 연결되어 있는 형태를 띠고 있고, 주로 뉴멕시코 지역에 분포되어 있다.

9) 앤 허친슨(Ann Hutchinson, 1591~1643년)은 뉴잉글랜드의 종

교지도자이자 산파. 43세 때 영국에서 자신의 설교단으로부터 쫓겨난 남편과 12명의 자녀들과 함께 청교도 목사 존 코튼(John Cotton)을 따라 보스턴으로 건너왔다. 보스턴 공동체의 종교생활에 몰두하였고, 자신이 돌보았던 여성들과 함께 신학을 논의하였으며, 자신의 집에서 존 코튼의 설교 토론 모임을 가지기도 했다. 후에 매사추세츠로부터 추방되었다. Linda K. Kerber, *Women's America: Refocusing the Past*(New York: Oxford University Press, 1991).

10) 재생산권(Reproductive rights)이란 일반적으로 여성의 출산과 관련된 제반의 권리를 의미한다. 재생산권에는 임신과 출산뿐만 아니라 피임과 낙태에 대한 권리도 포함된다. 여성학계에서 주장하는 내용의 핵심은 "여성의 몸은 여성 스스로가 통제할 수 있는 권리"를 가져야 한다는 점이다.

11) 스톤월 항쟁은 동성애자들의 정체성 회복에 하나의 획을 그은 사건이다. 1969년 6월 27일 뉴욕의 그리니치 빌리지에 있는 스톤월이라는 게이 바(bar)에 대한 경찰의 일상적인 검문이 발단이 되어 일어난 사건이다. 이 사건으로 동성애 자유주의들이 게이 자유주의 프런트(Gay Liberation Front: GLF)를 결성하기에 이르렀으며, 젊은 동성애자들의 네트워크가 확산되기 시작하였다.

12) 매카시즘이란 제2차세계대전 이후 냉전체제하에서 1950년부터 1954년까지 약 4년간에 걸친 미국 사회 내 용공세력 색출을 위한 히스테리적 사회현상을 의미한다. 발단은 1950년 2월 웨스트 버지니아에 위치한, 한 도시에서 당시 상원의원이었던 조셉 매카시(Joseph McCarthy)가 국무부 직원 중 공산주의에 연루된 직원들의 명단을 가지고 있다는 언급으로부터 시작되었는데, 이는 차차 교육부, 할리우드까지 확산되었다. 이러한 과정에서 특히 동성애자들이 공격의 대상이 되었던 것으로 알려져 있다.

미국 여성사

초판발행 2004년 4월 30일 | 2쇄발행 2007년 4월 30일
지은이 이창신
펴낸이 심만수 | 펴낸곳 (주)살림출판사

주소 413-756 경기도 파주시 교하읍 문발리 파주출판도시 522-2
전화번호 영업·(031)955-1350   기획편집·(031)955-1357
팩스 (031)955-1355
이메일 salleem@chol.com
홈페이지 http://www.sallimbooks.com

ISBN 89-522-0220-1 04080
      89-522-0096-9 04080 (세트)

* 잘못된 책은 구입하신 서점에서 바꾸어 드립니다.
* 저자와의 협의에 의해 인지를 생략합니다.

값 9,800원